내 주머니는 맑고 강풍

내 주머니는 맑고
강풍

최진영

핀드

차례

프롤로그 007

창작 노트 1~99 013

에필로그 223

프롤로그

매일 글을 쓴다.

앞의 문장은 나의 기도이며 다짐이다. 나의 상태이자 정의이다. 하루가 아무리 엉망이었더라도 글을 썼으면 됐다. 외로우면 외로운, 슬프면 슬픈, 우울하면 우울한, 화가 나면 화를 내는, 평온하면 평온한 글을 쓰고 싶다. 딱 그 정도만 해도 살 수 있을 것 같다. 그런데 그게 어렵다.

생각을 문장에 담으면 어긋난다. 어떤 문장은 내가 신기에는 너무 큰 신발 같고 어떤 문장은 다리를 펴고 누울 수 없는 좁은 방 같다. 그래도 나는 문장에 나를 구겨넣는다. 무거운 신발을 질질 끌며 걷는다. 왜냐하면 글은 나를 떠나지 않으니까. 글은 언제나 내 곁에 있다. 비겁하고 치사한 나를, 옹졸한 겁쟁이인 나를, 괴팍하고 까다로운 나를 다 받아준다.

책과 노트와 펜만 있으면 나는 계속 살아갈 방법을 찾아낼 것이다. 사람에게는 절반만 의지하고 책과 글에 절반을 의탁하면서, 의젓하고 담대한 존재를 꿈꾸며 조용히 살아갈 수 있다.

여기 노트와 펜이 있다.
오늘을 쓸 수 있다.
하루를 살 수 있다.

언젠가 내가 쓴 글이 나를 일으켜 세울 것이다. 먼저 손을 내밀지는 않겠지만, 이제 다시 걸어보자고 말을 걸진 않겠지만, 늘 거기에 존재하는 것만으로도 스스로 일어나도록 만들 것이다.

거듭 넘어질 나를 위해 매일 글을 쓴다.

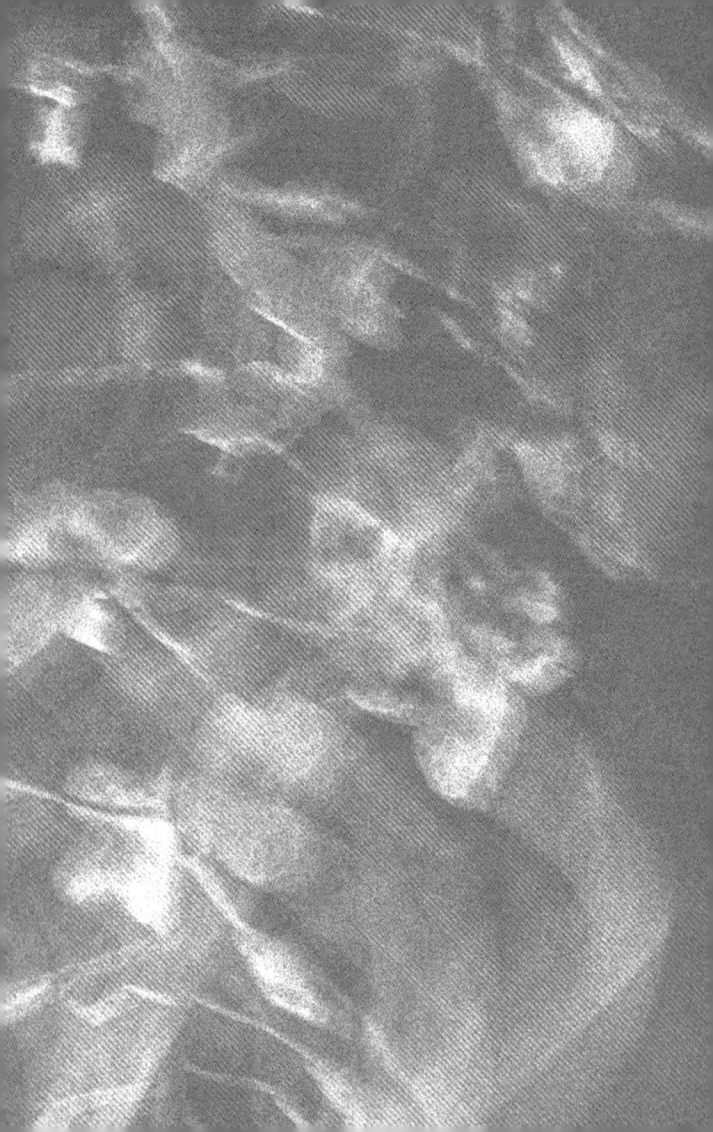

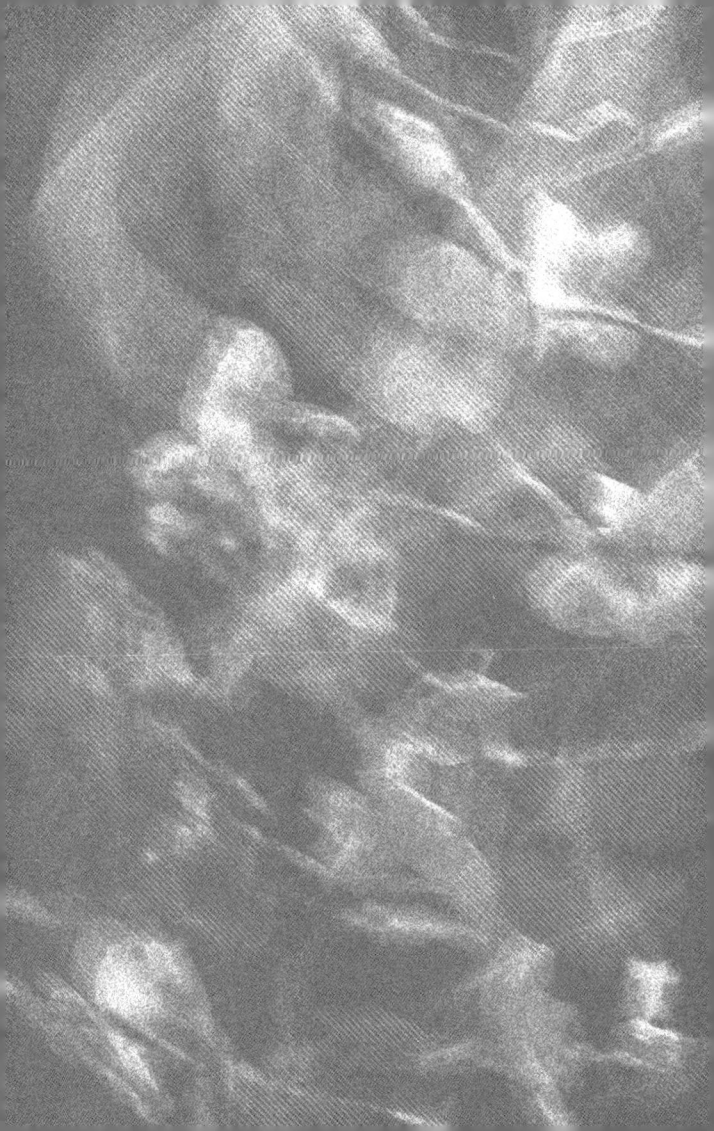

I

장편소설을 시작했다가 에필로그만 쓰고 닫아둔 지 한 달째. 단편소설과 에세이 마감이 있어서 어쩔 수 없다. 기차가 서서히 멈추는 것처럼 장편소설 쓰기를 멈춘 상태. 맞은편에서 무언가가 오고 있으므로 잠시 멈추어 기다리겠습니다. 승객들은 안전한 객실에서 기다려주십시오. 숲속에 멈춰 선 채로 다가오는 무언가를 기다리는 기차. 소설 속 인물들은 과연 얌전히 기다려줄까? 하려던 이야기가 휘발되지는 않을까? 길을 잃으면 어쩌지? 내가 다시 달릴 수 있을까? 가고자 하는 곳에 닿을 수 있을까?

2

　　　　북토크에서 가끔 우스운 이야기가 필요할 때면 나는 말한다. 제가 야구를 좋아하는 이유는 세 가지입니다. 첫째, 매일 합니다(월요일 빼고). 둘째, 오래 합니다(기본 세 시간). 셋째, 그날의 경기는 그날 끝납니다(매일매일 새로운 스토리). 저는 주로 겨울에 장편소설을 쓰는데요, 아마도 겨울에는 야구를 하지 않아서인 것 같아요. 물론 제가 응원하는 팀은 가을부터 야구를 안 하지만. 이렇게 말하면 마음씨 따뜻한 관객들은 웃어주신다.

3

 제주로 이사 오고 책상 앞에 '일기를 쓰자, 날씨라도 쓰자'라는 메모를 붙여두었는데 며칠 전에 떼어서 버렸다. 지키기 어려운 다짐도 아닌 걸 기어이 지키지 않는 나의 한심함을 매일 글쓰기 전에, 글을 쓰면서 확인하는 것도 지겨워서. 제주에서만 경험할 수 있는 사소하지만 특별한 날들에 대해서도 짧게나마 규칙적으로 써두면 미래의 내가 고마워할 텐데 제주에 와서도 책상 앞에 앉아 글만 쓰는 생활을 주로 하고 있으니 제주 생활이라고 특별히 쓸 만한 건 없을 것 같다.

 나는 주로 아주 화날 때 일기를 쓴다. 그래서 지난 일기는 대체로 들춰보지 않지. 최진영 사전에 '일기'란 '종이에 휘갈겨 써서 버리는 분노와 외로움'이다. 써서 버렸으니 이제 그 감정은 나의 것이 아니라고 생각하면 조금은 괜찮아질 때가 있다. 하지만 남아 있다. 저 노트에 다 담겨 있다는 걸 나는 알고 있어……. 다른 사람도 아닌 내가 그

걸 굳이 글자로 남겨두었지. 일기장이 책상 한구석에서 나를 노려보는 것 같을 때가 있다. 그럴 때는 일기장을 서랍 깊숙이 넣어버린다. 미안해. 내가 지금 바빠서 너를 보살필 수가 없어. 어둠 속에서 깊은 잠을 자고 나면 아무 일도 아닌 일이 되어 있을지도 모르지. 앞의 문장을 쓴 다음 일기의 또 다른 정의가 떠올랐다. 나에게 일기는 '누구에게도 보여줄 수 없으면서 나조차 다시 보지 않을 글'이다. 돌이켜보면 나의 글쓰기는 그렇게 시작되었다. 글쓰기의 시원始原이랄까. 십 대 후반과 이십 대 초반, 깊은 밤 내 방에 앉아 아무도 모르게 나쁜 짓을 하듯 혼자 몰래 글을 쓰다가 문 너머에서 인기척이라도 들리면 황급히 스탠드 불을 끄던 그날들이 떠오른다. 아무에게도 보여줄 수 없고 나조차 다시 보지 않을 글을 필사적으로 썼다. 그러므로 일기 쓰는 마음은 나의 초심. 다시 그와 비슷한 마음으로 글을 쓸 수 있을까? 이제는 청탁을 받아야 쓴다. 언제나 읽을 사람을 전제하고 쓴다. 보여줄 글을 쓴다. 그런 글이 아닌 건 일기뿐.

  초심을 잃지 말자.

  일기를 쓰자. 날씨라도 쓰자.

4

　　　오늘 제주는 비. 맑은 날에는 창밖으로 멀리 북쪽 해안선이 보이고 뜨고 내리는 비행기도 조그맣게 보이는데 오늘은 안개가 끼어서 안개만 보였다.(아무것도 보이지 않았다고 썼다가 아무것도 보이지 않은 것은 아니잖아라고 중얼거리며 문장을 수정했다.) 지금은 밤 9시. 어두워지면서 날이 개었다. 창밖으로 야경이 보인다. 북쪽 바다의 낚싯배 불도 많이 보이고 비행기 불빛도 보인다. 까만 밤하늘에 비행기가 거의 일 분 간격으로 날아간다. 김포로 청주로 대구로 광주로 떠나는 사람들. 내 방에 앉아 있으면 떠나는 사람들을 계속 볼 수 있다. 좋은 추억 만드셨나요. 무사히 돌아가서 푹 주무시길.

　지금 독수리들*은 거인들에게 8:0으로 지고 있

---

* 프로야구단 한화이글스

다. 이길 때도 되었건만 계속 지고 있다. 많이 지다가 한 번 이기면 행복하다. 그리고 다시 막 6연패 하면 안 행복하다가 또 1승 하면 행복하다. 내일은 오늘보다 잘 쓸 수 있을까. 내일은 이기면 좋겠다. 연패를 끊으면 좋겠다. 그리고 다시 연패에 돌입하더라도.

5

오늘은 무척 맑았다. 먼바다의 물결이 보였다. 소설을 고치려다가 지겨워져서 새로운 에피소드를 썼다. 내가 하려는 모든 일에 "말도 안 된다"라고 말하면서도 그 일을 같이 해내는 엄마의 에피소드. 말도 안 돼, 말도 안 돼, 말하면서 말이 되게 하는 엄마의 이야기.

6

사랑하는 사람을 견딜 수 없을 때는 바깥으로 나가 걷자. 나무를 오래오래 하늘을 오래오래 바라보자.

사랑하는 사람이 미울 때는 미워하자. 마음껏 미워하자.

사랑하는 사람을 이해할 수 없을 때는 혼자 술을 마시면 된다. 단, 정신을 똑바로 차리고 마셔야 한다. 돌이킬 수 없는 잘못을 저지르지 않도록.

사랑하는 사람에게 잘못했다면 후회하고 반성하자. 진심으로 사과하자. 사과조차 못 할 만큼 치명적인 잘못이라면 수습하려 서두르지 말고 상대에게 맡기자. 맡겨보자.

사랑하는 사람이 잘못했다면 고소해하자. 그것

참 고소하네 몰래몰래 음미하자.

사랑하는 사람이 귀여울 때는 내가 세상에서 가장 행복한 사람이라는 사실을 받아들이자.

사랑하는 사람이 애잔할 때는 말없이 바라보자. 앞모습 말고 뒷모습을. 눈치채지 못하게 몰래몰래 옆모습을.

사랑하는 사람이 짜증 낼 때는 '이 사람 간이 안 좋은가' 생각하자.

사랑하는 사람이 화를 낼 때는 숨어버리자. 나의 가장 깊은 곳 아무도 침범할 수 없는 뿌리 끝으로.

사랑하는 사람에게 화가 날 때는 숨을 쉬자. 들숨 날숨 반복해서 스무 번.

사랑하는 사람이 슬퍼하면 티슈를 건네고 안아주자.

사랑하는 사람이 외로워하면 미안하다고 말하자. 미안해. 내가 너와 다른 사람이어서 정말 미안해. 하지만 너와 내가 다르기에 우리는 사랑할 수 있어.

사랑이 자취를 감추면 기다리자. 사랑도 지겨워져 바깥으로 나가고 싶을 때가 있겠지. 고치는 대신 새로운 에피소드를 쓰고 싶을 때가.

7

　　　　이사 온 뒤 좀처럼 음악을 듣지 않는다. 그 대신 새소리를 듣는다. 창을 열어두면 다양한 새소리가 계속 들린다. 그러다가 사람이 만든 음악을 들으면 음악이 피부를 뚫고 들어오는 것만 같다. 심장까지 흡수되는 것만 같다.

　하루 한 편 시를 읽고 있다. 시를 읽는 순간에는 시집의 모양처럼 네모난, 보이지 않는 벽이 내려오고 나는 그 안에 갇힌다. 완벽하게 혼자가 되고 아무도 나를 간섭할 수 없다. 침입할 수 없고 건드릴 수 없다. 오직 시가 나를 장악한다. 시 앞에서 울 것 같은 표정으로 멈춰 선 나를 아무도 이해하거나 짐작하지 않으면 좋겠어.

　오컬트 장르의 악몽을 꾸다가 깨었다. 다시 잠들어서는 사이코드라마 장르의 악몽을 꿨다. 꿈이라는 걸 깨닫자 깨어나고 싶지 않았다. 악몽은 싫지만 잠에서 깨는 건 더 싫기 때문이다. 악몽 속에서 나는 대체로 비겁하고 억울해하고 벗어나고 싶어 한다. 높은 곳에서 무서워한다. 더는 키가 클 수 없는데도 자꾸만 높은 곳에서 추락한다.

멋진 내가 등장하는 꿈을 꾼 적은 없는 것 같다. 멋진 나를 모르니까 그렇겠지.

8

하루 종일 비가 내렸다. 운치가 있었다. 빗소리를 듣다가 말했다.

그래도 나는 행복하다고 생각해.

다크니스(사랑하는 사람입니다)가 말했다.

나는 내가 ○○○만 하면 더 행복할 것 같아.

나는 대답했다.

그럼 우리에겐 또 다른 행복이 기다리고 있는 거네.

비가 내리고, 바람이 불고, 유리창은 관악기 소리를 내고, 창을 열면 비가 들어와 책상이 젖고, 오늘은 새소리를 듣지 못했다. 새들은 어디에서 비를 피할까. 평소에 땅을 보고 걷는 버릇이 있어서인지 나는 길 위의 죽은 새를 자주 보는 편이다. 묻어주고 싶지만 아직은 무서워서 눈을 질끈 감는다. 피해버린다. 언젠가는 죽은 새를 두 손으로 안아 들고 흙이 있는 곳까지 걸어가서 묻어주는 사람이 되고 싶다. 나의 장래 희망은 죽은 새를 묻는 사람. 그 많은 새들은 어디에서 죽을까. 사람이 없는 곳에서, 그 무엇도 죽은 자신을 훼손할 수 없는 곳을 찾아가 죽을까. 새는 그럴 수 있다. 멀리멀리 날아가 죽을 수 있을 것이다. 로맹 가리의 『새들은 페루에 가서 죽다』김남주 옮김, 문학동네, 2007가 떠오른다. 이십 대 때, 학원에서 일할 때 읽은 것 같은데…… 읽은 기억만 있고 내용은 선혀 떠오르지 않으면 그 책을 읽었다고 말할 수 있나? 이십 년 전에 읽은 책을 과연 읽었다고 말해도 될까? '읽은 책 유효기간'을 만들어야 할 것 같다.

9

      어두워지자 서서히 차오르는 안개.

  글쓰기로 나를 지탱한다. 글을 쓰기 때문에 나는 무너진다. 글쓰기로 만사를 해결하는 삶은 위태롭다. 하지만 삶은 원래 위태롭다. 글이라도 쓸 수 있어서 다행이다. 문득 글을 쓰기 시작했듯 더는 어떤 글도 쓸 수 없을 때가 오겠지. 두렵다. 정말 그런 때가 온다면 나는 무엇으로 나를 견딜 수 있을까.

엄마가 왔다. 백팩 하나 메고 혼자 영주에서 대구까지 버스를 타고, 대구버스터미널에서 대구공항까지 택시를 타고, 대구공항에서 제주공항까지 비행기를 타고 마침내 내가 있는 곳까지 왔다.

나는 엄마에게도 낯을 가린다. 오랜만에 보면 무슨 말을 해야 할지 어떤 표정을 지어야 할지 모르겠어서 쭈뼛거린다. 오는 길이 번거롭고 힘들었겠다고 말을 거니까 엄마는 버스 타고 비행기 타고 그러는 게 여행이라고 했다.

엄마는 처음으로 나에게 사랑을 알려주고 처음으로 나에게 나쁜 년이라고 말했던 사람. 어느 늦은 밤 스스로를 원망하며 혼자 울고 있던 내 옆에 가만히 앉아서 엄마는 말했다.

그렇게 생각하지는 마. 네 잘못이 아니야.

그때 엄마는 나를 바라보거나 쓰다듬거나 안아주지 않았고 나처럼 고개를 숙인 채 바닥에 고인 어둠을 바라보며 발바닥으로 카펫 모를 둥글게 둥

글게 쓸었다. 나는 놀랐다. 아주 오랫동안 기다려온 말을 대수롭지 않은 상황과 기대치 않던 순간에 들어버린 것 같아 기분이 이상했다. 위로가 되면서도 억울했다. "네 잘못이 아니야"라는 말이 정말 필요했던 순간에는 그 말을 듣지 못했었는데, 왜냐하면 그런 일은 내가 전부 비밀로 묶어두었기 때문에. 문득 모든 것을 털어놓고 싶었다. 당신은 모르겠지만 나는 이미 오래전에 망했어. 손쓸 수 없이 망한 인간이라고. 그래도 내 잘못이 아니라고 말해줄 거야? 위악으로 자책감을 덮어버리고 싶은 욕망을 그날 나는 잘 참아냈다.

이십 대 중반에 교통사고로 중환자실에 입원한 적이 있다. 뇌진탕으로 교통사고 순간도 중환자실에서 보낸 며칠도 전부 기억하지 못하는데, 그때를 기억하는 사람들 말에 따르면 엄마가 음식을 먹여주면 나는 계속 토했다고 한다. 보다 못한 고모가 나를 야단치면서 음식을 먹였더니 씹어 삼켰다고 한다. 엄마가 주는 음식은 토할 수 있어. 엄마가 주는 거라면 억지로 씹어 삼키지 않고 뱉어낼 수 있어. 퇴원하고는 안방에 누워서 텔레비전만 봤다. 몸이 아프진 않았고 무력감에 빠져 있었던 것 같다. 텔레비전을 틀어놓고는 있었지만 그것을 본다는 의식도 없었고 무언가를 해야 한다는 생각도 들지 않았다. 방구석에 벗어놓은 겨울 외투처럼 몸을 약간 구긴 상태로 거의 움직이지 않고 눈만 뜨고 있었다. 그런 나를 보고 엄마는 혼잣말처럼, 마치 자기에게 경고하듯 중얼거렸다.

이러다 우울증 걸린다.

그리고 엄마는 나에게 바깥으로 나가자고 했다. 엄마는 나를 '모닝'에 태우고 구불구불한 죽령 길을 운전해서 소백산 입구까지 갔다. 엄마 뒤를 따라 산을 올랐다. 엄마는 나를 돌아보고 돌아봤다. 여기 앉아서 쉬자고 했다. 졸졸 흐르는 물을 보라고 했다. 저기 저 높은 나무를 보라고 했다. 새소리를 들으라고 했다. 좋은 공기를 마시라고 했다. 희방사까지 가지 않아도 된다고 했다. 힘들면 돌아가도 된다고 했다. 나는 엄마가 하라는 대로 했고 다음 날부터는 낮에 누워 있지 않았다. 멍하게 텔레비전을 바라보지 않았다. 사고 이전처럼 내 방문을 쾅 닫고 책을 읽거나 글을 쓰거나 엄마 몰래 나쁜 짓을 했다.

 우리에게 그런 시간이 있었다는 건 엄마와 나만 안다. 엄마와 나만 아는 것들이 많다. 우리가 죽어 사라지면 같이 사라질 이야기들. 나는 엄마를 모른다. 내가 제일 모르는 사람은 엄마. 모른다고 말할 수 있는 건 알고 싶은 마음이 크기 때문이지. 엄마를 잘 알아서 엄마의 마음에 들고 싶기 때문이지. 엄마를 생각하면 머릿속이 복잡해져서 때로 나는 정말 이상한 사람이 된다. 아무한테도 보여주지 않으려고 무지 애쓰는 내 안의 멍게를 자랑하듯 꺼내서 엄마 앞에 내놓고 싶다. 엄마 이거 봐.

엄청 징그럽고 흉측하지. 잊고 싶은데 계속 생각나서 괴로울 것 같지. 근데 이런 게 내 안에 있다? 엄마와 제주에서 함께한 일에 대해 쓰려고 했는데 (갈치조림 먹은 거, 대정 바다에서 돌고래 본 거, 오일장에서 오메기떡과 옥수수와 알록달록한 원피스 산 거, 목욕탕 간 거, 아침 산책한 거, 잃어버린 안경을 되찾은 거 등등) 이렇게 계속 먼 과거의 일을 쓰는 것처럼 엄마에 대해서라면 하고 싶은 말이 너무 많아서 폭발해버릴 것만 같다. 손가락에서 용암처럼 폭발하는 것들을 다 쏟아내서 아주 뜨겁고 울퉁불퉁한 책으로 만들고 싶다. 글을 쓸 수 있는 기회가 단 한 번 남아 있다면 나는 그런 글을 쓸 것이다. 그건 소설도 에세이도 아닐 것이고 자학도 원망도 아닐 것이고 기이한 고백에 가까울 것이다. 내가 당신을 얼마나 사랑하는지. 배운 적도 상상한 적도 원한 적도 없는 치사한 나의 사랑이 나를 어떻게 외면하고 울게 하고 살게 하는지.

II

　　　　내 방에 앉아 책장의 책등에 손거울을 기대어놓고 머리카락에 헤어롤을 말던 엄마가 나를 불렀다. 엄마는 돌고래 열쇠고리를 손에 들고 아이처럼 웃으면서 이런 건 어디에서 사는 거냐고 물었다. 버튼을 누르면 반짝반짝 불이 켜지는 돌고래 열쇠고리는 몇 년 전 다크니스가 제부도의 뽑기 기계에서 뽑아다 준 것으로 나는 그것을 책장에 두었는지도 모르고 살았다. 엄마가 그 작은 열쇠고리에 관심을 가진 것도, 그것의 불을 켜볼 생각을 했다는 것도, 반짝이는 그것을 켜둔 채 헤어롤을 말면서 즐거워하는 모습도 신기했다. 엄마는 나와 달리 호기심이 많은 사람. 스위치가 있으면 켜보는 사람. 일단 작동시켜보는 사람. 나는 정반대다. 겁이 많아서 시도하지 않는다. 다가가지 않는다. 엄마가 반짝반짝 돌고래 열쇠고리를 보며 웃어서 나는 신이 났고 엄마를 또 웃게 하고 싶어서 내가 가진 반짝이는 물건을 모조리 꺼내어 하나하나 보여줬다. 도라에몽. 오르골. 별자리 지구본. 무드등. 불을 끄면 야광으로 빛나는 별자리 지도. 마치 어린아이에게 "이것 볼래?" "여기 이런 것도 있다?" "이거 진짜 신기하지?" 자랑하며 신나게 장난감을 선보이는 또 다른 어린아이처럼. 헤어롤을 말고 반짝이는 돌고래 열쇠고리를 보면서 웃는 임마. 귀여운 엄마. 엄마의 말과 행동이 신기하게 느껴질 때가 점점 많아진다. 마치 엄마가 자식의 모든 말과 행동을 신기해하는 것처럼.

오늘 엄마는 육지로 떠났다. 삼십만 원을 돌돌 말아서 내 주머니에 찔러 넣어주고 쿨하게 떠났다. 백팩 하나 메고 혼자 비행기를 타고 택시를 타고 버스를 타고 엄마의 집으로 돌아갔다.

어제는 14대 1로 이겼는데 오늘은 24대 3으로 졌다. 이런 스코어는 확실히 이상하다. 어떻게 프로야구에서 24점을 낼 수가 있지? 전날 14점 실점하고 다음 날 24점을 내는 곰들은 확실히 이상하다. 독수리들의 이상함은 여태 많이 봤기 때문에 해외토픽에 나올 정도로 이상하지 않은 이상 별로 이상하지도 않다. 영웅들에게도 사자들에게도 호랑이들에게도 마법사들에게도 거인들에게도 공룡들에게도 지는 날이 훨씬 많은 독수리들, 제가 많이 좋아합니다.

좀처럼 끝나지 않는 이닝을 버티면서 야수들은 무슨 생각을 했을까? 아직 기회가 있다는 생각? 이길 수 있다는 생각? 어린 선수들은 정말 그렇게 생각하는 것만 같았다. 차근차근 치고 달리면 승리할 수 있다고. 왜냐면 끝까지 포기하지 않고 1점을 더 냈으니까. 한국프로야구 역사에서 한 게임당 스코어 차이가 가장 큰 경우는 22점인데 독수리들은 마지막 이닝에서 1점을 냈기 때문에 타이기록을 못(?) 세웠다. 아직 백 경기 넘게 남았으니 이번 경기가 결코 잊지 못할 패배까지는 아닐 수도 있다. 작년에는 10연패도 하고 그랬지. 10연패 다음이 11연패일 수도 있는데 그렇지 않았어. 작년에 나는 '프로선수도 10연패를 하는데 나도 10연패 힐 수 있시'라는 마음으로 살았다. 10연패 다음에 1승이 올 수도 있다고 생각하면 좌절도 좌절 아닌 것처럼 느껴졌고 나를 리빌딩하는 과정이라고 생각할 수 있었다. 최다 연패 타이기록도 세운 독수리들에게 10연패는 대수도 아니지. 야구가 별건가. 스트라이크는 치고 볼은 걸러내고 달릴 수 있을 때 달리고 잡을 수 있는 공은 잡고 던질 수 있는 공을 던지는 게 야구지. 근데 그게 어렵다. 투수 잘 던지고 타자 잘 치고 수비 실책 없이 이기는 날은 손에 꼽힌다는 걸 잊지 말자.

전날 쓴 글을 거의 지우지 않고 10매 이상 새

글을 쓰고 누구에게도 잘못하지 않고 아무에게도 멍게를 보여주지 않고 목도 어깨도 아프지 않고 나쁜 꿈도 꾸지 않은 날은 축복 가득한 날인 거다. 나는 응원하는 척 욕하는 사람이고 싶진 않은데…… 10연패가 욕처럼 느껴지진 않겠지? 이렇게 야구 이야기 길게 쓰면 마치 야구 되게 잘 아는 사람처럼 보일 수도 있는데 사실 저는 야구 잘 모릅니다. 그저 한화이글스의 야구를 매일 보는 사람일 뿐.

13

거의 매일 세월호를 생각한다. 창밖을 보다가, 청소를 하다가, 책을 꺼내다가, 길을 걷다가, 일상의 틈과 틈 사이에, 떠오른다.

얼마 전 5월의 304낭독회*는 제주 강정마을에서 한다고, 낭독을 하고 싶은 사람은 DM을 달라는 게시물을 보고 바로 DM을 보냈었다. 오늘 그곳에 다녀왔다. 강정에서 열린 아흔세 번째 304낭독회.

집에서 강정까지는 승용차로 한 시간 정도 걸렸다. 가는 길에 다크니스와 나는 거의 대화하지 않았다. 낭독회 장소에서 반가운 두 사람을 만났고 나는 평소처럼 반가운 티를 제대로 내지 못하

---

* 세월호에서 돌아오지 못한 304명을 기억하고자 작가와 시민들이 함께 만들어가는 낭독회. 2014년 9월부터 매달 마지막 주 토요일 오후 4시 16분에 함께하던 304낭독회는 2023년부터 상황에 따라 날짜와 시간을 조금씩 다르게 하여 모이고 있다. 인스타그램 @304recital

면서 인사했다. 내 뒤로 들어오는 다크니스를 보고 두 사람은 누구인지 묻지 않고 그저 "같이 왔구나" "같이 오셨구나" 말했다.

나는 목정원 산문 『모국어는 차라리 침묵』아침달, 2021 중 서너 페이지를 낭독했다. "스스로가 초라할 때 노래를 멈출 수 있는 것은 나만 생각하던 시절에나 가능한 일이었다"라는 문장은 읽을 때마다 생각이 많아진다. 낭독회 소책자 표지에는 '옆에 있어 줄까?'라는 제목이 크게 쓰여 있었다.

낭독회를 마치고 돌아오는 길에 다크니스와 나는 서쪽 노을을 바라보며 저게 해수면인가 하늘인가를 두고 이야기 나누었다. 하늘과 바다를 구분할 수 없고 구분할 필요도 없고 구분하고 싶지도 않은 마음에 대하여. 나는 "같이 왔구나"라는 말을 곱씹었다. 그처럼 다행인 말. 같이 온다는 것. 같이 올 수 있다는 것. 같이 오지 못한 사람. 같이 오지 못했습니다. '다행'의 국립국어원 사전적 정의는 '뜻밖에 일이 잘되어 운이 좋음.' 그렇다면 '운'의 정의는 무엇이지. 나는 '운'이라는 단어를 좋아하지 않아. '운이 좋다'는 말을 신뢰하지 않아. 그러나 당신에게는 다행인 순간이 가득하기만을 바라시. 내가 빋지 않는 것이 당신을 살릴 수 있다면 나는 그것을 믿는 당신을 믿기로 했다.

14

　　　　어떻게 나를 사랑할 수 있는지 나는 아직 모른다.

　내가 너무 싫어서 나와 섞인 너도 싫을 때가 있다. 네가 너무 좋아서 너와 엮인 내가 좋을 때는 없다. 우울의 방에 갇히면 기쁨과 축복과 즐거움 같은 건 다 거짓말 같고 사람들 모두 사랑하는 척 연기를 하는 것만 같다. 대화로 뭔가를 해결하고 싶다는 생각은 아무리 버리고 버려도 찰랑찰랑 넘쳐서 나를 더 지저분하게 만든다. 어긋나는 대화는 우리를 절벽에서 밀어버리지. 그러나 당신을 찌르려고 한 말에 내가 깊이 상처받을 때, 나는 사랑하는 방법을 모르는 채로도 당신을 확실히 사랑한다고 느낀다. 진공을 경험한 적 없이 진공이 무엇인지 안다고 믿는 것처럼, 비행기가 하늘을 나는 원리를 이해하지 못하고도 비행기를 타는 것처럼, 하드웨어가 뭔지도 모르면서 매일 컴퓨터를 사용하는 것처럼, 사랑을 모르고도 나는 분명히 사랑한다고 느낀다.

15

지난 주말에 육지 다녀왔다. 가족을 만났다. 모기에게 많이 물렸다. 경상북도의 산을 보면서 뾰족뾰족하다고, 산이 너무 가까이 있다고 생각했다. 제주의 완만하게 높은, 어디에서나 보이는 한라산에 그새 적응해버렸나. 경상도에서 유년기와 청소년기를 보냈으면서 제주에서 잠시 살았다고 경상도의 산을 기이하게 보다니……. 제주로 돌아오니 서늘한 바람이 불었다. 이제 제주는 내게 돌아오는 곳. 제주보다 육지가 훨씬 덥다. 낮에도 밤에도 더 뜨겁다.

16

허리가 아프다. 어깨도 아프다. 커피를 너무 많이 마신다. 오늘 제주는 무척 맑음. 어두워지면 해변에 갈 거다. 밤바다를 가까이서 볼 거다. 다음 주부터 장마 시작이라는 예보. 장마가 오기 전에 밤바다에 가자. 별을 보자. 비가 오면 부추전 만들어 먹자. 그리고 장마가 끝나기 전에 반드시 새 소설 시작하자. 연패를 끊자.

17

　　오후 1시 30분. 바다 쪽 하늘은 파랗고 맑다. 한라산 쪽 하늘은 거대한 구름이 가득하다. 지금 육지에는 비가 내린다는데 제주는 맑고 강풍. 집이 날아갈까봐 겁이 날 정도다. 앞 문장을 쓰고 보니 『오즈의 마법사』의 귀여운 캐릭터들이 떠오른다. 뇌를 원하는 허수아비. 용기를 갖고 싶은 사자. 심장이 필요한 양철나무꾼. 나에게는 없는 것이 많지만 많은 것 중 하나만 선택해야 한다면…… 튼튼한 하부승모근을 갖고 싶다. 그건 내가 운동을 하면 가질 수 있다. 그렇다면 운동을 할 수 있는 의지를 갖고 싶다. 물리학의 세계에서는 '자유의지'의 유무 또한 논쟁거리라는 내용을 어느 책에서 봤다. 기본적인 정보값을 안다면 우주는 예측 가능하다. 질량과 가속도를 알면 힘의 양을 알 수 있듯이. 그런 의미에서 우주의 미래는 결정되어 있다. 우주의 미래가 예측 가능하다면 인간은? 인간은 뇌의 명령으로 생각하거나 행동한다. 뇌는 물질이고 뇌작용 또한 과학으로 설명할 수 있으므로 예측 가능하다. 그런데 예측 가능한 '자유의지'를 자유라고 부를 수 있나? 물리학자들은 '자유의지가 있다'는 주장에 다소 부정적이다. 그리고 이 모든 이론과 입장은 양자역학의 등장으로 파괴된다. 전자는 입자이자 파동이고 관측이 결과에 영향을 미치기 때문이다. 아무튼 미래가 결정되어 있다는 것을 확인하려면 일단 살아봐야 한다……. 근데 내가 지금 뭘 쓰고 있지? 갑자기 잘 알지도 못하는 물리학에 관한 글을 왜 이렇게 신이 나서……. 나는 물리학이나 자유의지에 관한 담론을 잘 모르고, 역시 아는 것보다는 모르는 게 더 흥미롭다. 그러니까 여러분, 제가 위에 쓴 물리학 이야기는 엉터리입니다. 물리학의 관점에서 바라보는 자유의지와 결정론을 정확하게 알고 싶다면 박사님들의 책을 읽어주세요. 그나저나 이 글도 나의 자유의지로 쓴 것일까? 아니면 이미 결정된 미래를 따라가는 것일까? 잘 모르겠으니까 일단 살아보자.

    이 바람 소리를 어떻게 표현할 수 있을까. 마치 거대한 폭포수 옆에 있는 것만 같다. 창을 닫아도 바람 소리는 거세고, 마치 배를 타고 있는 것만 같다. 창밖으로 보이는 키 큰 나무가 계속 휘청거린다. 무성한 초록 잎이 동물의 팔다리처럼 허우적거린다. 걷는 것 같다. 걸으려고 하는 것만 같다. 저러다가 나무가 정말 걸으면 좋겠다. 나에게로 성큼성큼 걸어와서 나무만이 알고 있는 이 세계의 중요한 비밀을 말해준다면. 강풍 속에서 비행기는 평화롭게 날아오른다. 새소리는 전혀 들리지 않고. 웬만한 바람이 불 때는 새가 바람을 타는 모습을 볼 수 있다. 날갯짓을 하지 않고 바람 따라 이동하는 모습, 앞으로 나아가려고 하지만 바람이 강해서 마치 정지한 것처럼 공중에 떠 있는 모습.

오늘 같은 강풍에는 새도 낮은 곳으로 피신했을 것이다. 낮은 나뭇가지에 앉아 나무와 함께 흔들리며 나무를 부추길지도 모르지. 걸어, 걸어라, 나무야. 수천만 년 숨겨온 너의 비밀을 이젠 공개해 버려!

오늘 아침에도 보았다. 기후위기로 2040년이면 인류는 끝장난다는 기사를. 그때까지 기온이 1.5도 올라가는 것을 막아야 하는데 이미 돌이킬 수 없는 지점을 지났다고 한다. 인류가 초래한 기후위기 끝에 나무가 떼를 지어 사람에게 달려오고 새들이 힘을 합쳐 바람을 통제하고 꽃이 인간의 언어로 인간의 역사를 저주하고 바다 생물이 단합하여 바닷물로 육지를 덮쳐버린다면. 인류라는 유인원이 어떻게 진화했는가에 대한 책을 읽다가 갑자기 계절 변화의 이치가 궁금해져서 '세차운동'에 관한 동영상을 찾아 홀린 듯 봤다. 적막한 우주와 지구의 평온한 움직임. 인류 멸망 따위는 아무것도 아닌 거시적 세계.

오늘 읽은 책에 '빙하기가 끝나면 나무는 이동했다'는 내용이 나왔다. 나무가 이동하면 초식동물이 이동하고 초식동물을 따라 육식동물도 이동하고. 물론 나무가 아닌 씨앗의 이동이겠지만……

나는 걷는 나무를 계속 상상한다.

이제 날이 따뜻해지겠군. 우리 좀 걸어볼까. 저 머나먼 태양을 향해 함께 가볼까.

그리고 천천히 걷는 나무들. 둘이서, 셋이서, 혼자서, 코끼리처럼 무리 지어서 대륙을 가로지르는 나무들.

19

걷는 나무, 달리는 나무에 계속 사로잡혀 있었다. 머릿속으로 상상만 했을 뿐 '걷는 나무'에 대해 말한 적은 없는데, 오늘 점심 무렵 다크니스가 커피를 내리다가 문득 말하는 것이다. 걷는 나무가 있다고. 예전에 「정글의 법칙」에서 봤다고. 그래? 정말? 찾아봐야겠다. 대꾸하면서 속으로 놀랐다. 오랫동안 같이 지내면 머릿속의 생각도 보이나? 먼 훗날에는 내가 속으로 말한 것에 다크니스가 소리 내어 대꾸할지도 모르고, 우린 그런 상황을 전혀 이상하게 생각하지 않고…… 그럼 왠지 좋을 것 같은데. 검색해보니 걷는 나무는 정말 있었다. '워킹팜'이라는 나무였다. 나의 상상처럼 걷지는 않지만 어쨌든 스스로 이동하는 나무였다. 내가 생각했던 걷는 나무는 뭐랄까…… 마치 공룡처럼 걷는다. 그런데 나는 공룡을 본 적도 없으니까 상상에 상상에 상상을 더한 그런 상상인가. 수령이 오백 년 넘은 팽나무가 무리 지어 성큼

성큼 걷는 상상은…… 뭐랄까. 이 느낌을 어떻게든 표현하고 싶지만, 표현하면 흐려지겠지. 어긋나겠지. 내뱉지 말고 나만의 것으로 품자. 품어두자.

진정 10연패 다음은 1승 그리고 다시 연패인가. 텔레비전을 틀었더니 8회였다. 독수리들은 사자들에게 2대 3으로 지고 있었다. 그렇다면 이길 수도 있겠네,라고 생각하자마자 강민호 선수가 쓰리런을 쳐버렸다. 내가 봐서 지는 것 같다고 중얼거리니까 다크니스가 말했다. 뭐야, 양자역학인가.(물론 양자역학은 그런 것과 전혀 다른 개념이라는 것은 알고 있습니다, 박사님.) 쓰고 보니 웃기다. 명백하게 지고 있는 상황이었음에도 내가 봐서 지는 것 같다고 말한 것도 웃기고 아무 근거 없이 이길 수 있겠다고 생각했던 것도 웃기고. 아니다. 웃기다고 생각하면 안 되지. 우리의 독수리들도 이길 수 있다고 생각했을 텐데. 프로는 절대 질 생각으로 경기를 뛰지 않는다. 아무리 큰 점수 차이로 지고 있어도 끝까지 이길 수 있다고 생각하지. '이번에는 지겠다'는 생각으로 경기에 임하는 선수가 어디 있겠나. 스스로 프로라고 생각하진 않지만 나 역시 '이번에는 안 될 거다'라는 생각으로 소설을 시작한 적은 없다. 쓰다보면 망했다는 감이 올 때가 있지만(많지만) 그렇다고 포기할 수는 없으니까 어떻게든 망하지 않는 방향으로 고치고 또 고치다가 진짜 망하기도 하지만 가끔 안 망하기도 하니까. 그러니까 이길 수도 있다는 생각은 전혀 웃기지 않다. 그런 생각이 있어야 10연패 다음에 1승도 할 수 있는 거다. 그리고 다시 연패에 돌입할 수도 있지만 10연패 다음 1승이 있었기에 12연패, 13연패가 아니라 다시 1패, 2패가 되는 거다. 아무래도 12연패보다는 2연패가 낫다. 어감부터 다르다. 역시 1승은 중요하다.

지금 오후 1시.

서울의 빗물에 흠뻑 젖어버린 운동화를 빨아서 쨍쨍한 햇살에 널어놓고 책상 앞에 앉았다.

행사가 있어 이틀 동안 서울 다녀왔다. 2월에 겨울 외투 입고 다녀온 게 마지막이니까 정말 오랜만이었다. 제주에는 비가 오지 않았는데 서울에 가까워지면서 먹구름이 가득했다. 김포공항 편의점에서 우산을 샀다. 집을 나설 때 서울 날씨를 찾아보고 우산을 챙겼더라면 사지 않아도 되었을 텐데. 돈을 주고 쓰레기를 샀다. 요즘은 뭘 살 때마다 '돈을 주고 쓰레기를 산다'는 생각이 자꾸 든다. 쓰레기를 그만 만들고 싶다.

서울에는 사람이 아주 많았다. 그 많은 사람이 굉장히 바쁘게 열심히 움직이고 있었다. 지하철에서도 길거리에서도 나를 성가신 물건 치우듯 손으로 밀어서 치우고 가는 사람들이 여전히 있었다.

예전에는 그런 일을 겪으면 바로 짜증이 났는데 이번에는 새삼 놀라웠다. 짜증보다 놀라움이 먼저였다.

가까이 살 때는 '시간 되면 한번 보자'고 말만 할 뿐 막상 약속을 잡지는 않았던 사람들을, 물리적 거리가 생기고 나니 제대로 약속을 잡고 진짜로 만나게 된다. 근데 생각해보면 제주에서 김포까지 한 시간 십 분 걸리는데. 천안에서 서울도 한 시간 걸렸는데……. 물론 제주에서 서울로 가려면 일찌감치 비행기표와 호텔을 예매해야 한다는 조건이 있지만.

서울엔 비가 엄청 많이 왔다. 우산을 썼지만 신발도 옷도 머리카락도 다 젖었다. 가방 속 책도 젖어버렸다. 퍼붓는 비를 피해 사람들은 건물로 들어갔다. 순식간에 거리의 사람들이 사라졌다. 도로를 달리는 자동차가 옆으로 물을 뿜어서 나는 더 젖어버렸다. 그래도 계속 걸었다. 실실 웃으면서 비바람을 맞으면서 앞으로 앞으로 걸었다. 나는 그럴 때 좀…… 짜릿하다. 뭔가가 샘솟는다. '그래 좋아, 해보자' 하는 생각이 든다. 그런 날씨는 나에게 장마보다는 7월에 가깝고, 어제는 6월 30일. 7월이 바로 앞에서 날 바라보고 있었지.

이제 약간은 우스꽝스럽게 사용되는 것도 같은 '여름이었다'를 나는 좋아한다. 기나긴 설명 없이 '여름이었다'라는 다섯 글자만으로 사람들과 나눌 수 있는 감수성이 있다는 게 좋다. 그것이 유치하고 철없고 부끄럽고 즉흥적이고 무모하고 연약하며 돌이킬 수 없는 것에 가까운 감수성이라면 더욱 좋다. 많은 사람에게 그와 같은 한때의 여름이 있다는 것이. 감추려는 의도가 너무 커서 오히려 드러날 수밖에 없는 그 여름의 이야기들.

그저 지하철을 몇 번 갈아타고 약속장소까지 조금 걸었을 뿐인데도 13,000보 이상을 걸었다. 그런 면에서 서울은 이상한 곳. 걷는다는 자각도 없이 계속 걷게 되는 곳. 걸어도 걸어도 끝이 없는 길. 과거에 서울 살 때, 마음이 힘들면 정말 많이 걸었다. 상수동 한강변을 따라 상암동까지, 합정동에서 연남동 지나 남가좌동까지, 홍제천을 따라 상명대학교까지 걸어가곤 했다. 걸으면서 시간과 마음을 길바닥에 버렸다. 그때 걸으며 들었던 음악들이 그립지만 일부러 찾아 듣고 싶지는 않다. 그때와 같은 마음으로 들을 수는 없을 테니까.

집으로 돌아오는 길, 비행기 타고 김포공항을 벗어날 때는 비가 많이 오고 먹구름 가득이었는데, 어느 순간 흰 구름과 푸른 하늘이 나타났다. 노을이 나보다 조금은 낮은 곳에서 찬란하게 빛났다. 지금 제주는 맑다.

제주 바람과 햇살이 아무리 뜨겁고 눈이 부셔도 여름이라는 생각은 들지 않았는데 어제 퍼붓는 비에 다 젖어버리고, 젖은 신발을 신고 종일 돌아다니고 그 신발을 오늘 빨아서 쨍쨍한 햇살에 말리고 있으니 이제부터 여름이라는 확신이 든다.

오늘은 7월의 첫날. 여름의 시작.

22

　　　　서울에서 한 말 중 어떤 말은 후회하고 어떤 말은 후회하지 않으려고 애쓰고 또 어떤 말은 마음으로 계속 고치고 있어.

　서울에서 들은 말 중 어떤 말은 고마웠고 어떤 말은 고마웠고 또 어떤 말은 고마웠어.

　그리고 말보다는 표정들, 행동들, 사소한 몸짓들, 눈빛들. 나도 그처럼 다정하고 신심 어린 사람이면 좋겠습니다. 나에게도 그런 것들이 있어 자연스럽게 새어나온다면 얼마나 좋을까요.

　나는 내가 물 같아서 묻으면 털어내고 금세 마르고 흔적도 남지 않는 사람이면 좋겠다. 흘러가는 사람이면 좋겠어.

　불행을 전파하는 사람이 되진 말자.

　행복을 남발하는 사람도 되진 말자.

　너무 많이 말하지 말자. 내가 하는 말 중에 90퍼센트는 하지 않아도 되는 말이다.

23

　　　　　절기상 소서. 작은 더위라니 귀여운 날이다. '작은 여름'이라는 제목으로 맑은 하늘에 쏟아지는 소나기 같은 글을 써보고 싶다. 그러나 지금 나에게는 써야 할 다른 글이 많다.

　어제는 오후에 '카페 닐스'에 가서 한 시간 동안 책을 읽으며 따뜻한 핸드드립커피를 마셨다. 카페에서 커피 마시면서 책을 읽는 게 정말 오랜만이었다. 제주에서 그런 적은 없으니 적어도 육 개월은 넘은 일.

　자동차를 타고 해변도로를 따라 목적 없이 달렸다. 바다에서 물놀이하는 사람들을 보고 성수기를 실감했다. 내가 여름날 제주도에 있다니, 너무 놀라웠다. 바다 색깔도 비현실적이어서 꿈속에 있는 것만 같았다. 왜냐하면 가끔 그런 꿈을 꾸기 때문이지. 비현실적인 색감의 아주 광활한 바다 꿈. 좀처럼 찾아오지 않으나 아주 발길을 끊은 것은 아니어서 기다리지 않을 수도 없는 사람과 같은 꿈.

대정 바다에서 돌고래를 볼 수 있을까 내심 기대하고 기다렸는데 이번에는 보지 못했다. 하지만 전혀 아쉽지 않았다. (돌고래 관광 선박선 같은 야만적인 배를 이용하지 않아도 바다가 보이는 길가에 서 있으면 가까운 바다에서 자유롭게 헤엄치는 돌고래를 충분히 볼 수 있습니다. 송악산 둘레길을 걸으면서도 볼 수 있고요. 돌고래 관광선은 돌고래 무리를 아주 가깝게, 집요하게 쫓아다니기 때문에 돌고래가 스트레스를 많이 받는다고 합니다. 지느러미를 다치기도 하고요.. 멀리서 봐도 관광선 때문에 돌고래가 얼마나 스트레스를 받는지 느껴질 정도입니다.)

써야 할 글이 있는데도 그렇게 외출하느라 아무것도 쓰지 못했고 그래서 내심 불안했다. 일을 해도 불안하고 일을 하지 않아도 불안하니 쉬어도 쉬는 게 아니고 일을 해도 일을 하는 것 같지 않다.

지금 제주 기온은 35.3도. 뜨거운 바람이 양동이로 쏟아붓듯 불어온다. 에어컨 바람이 싫어서 땀을 흘리면서 앉아 있다가 찬물로 샤워하고 쇼팽의 「겨울바람」 듣기를 반복하고 있다. 잠시라도 비가 내리면 좋겠어. 장마가 시작되었다지만 제주는 연일 맑다.

24

제주 와서 처음으로 영화관 방문. 「헤어질 결심」을 봤다. 숨은그림찾기 같은 영화였다. 생각하면 생각할수록 숨은 의미가 퐁퐁 솟아오르는. 결국 모든 사랑은 미결 아닌가. 당신이 내 옆에 있고 오랜 시간을 함께했더라도 나는 당신을 모른다. 안다고 생각하는 순간을 기다렸다는 듯 알 수 없는 부분이 나타난다. 나는 당신의 그 무엇도 장담할 수 없다. 당신은 불안이었다가 놀라움이었다가 애틋함이었다가 순식간에 악당이 되거나 나를 악당으로 만들지. 터무니없이 나를 믿는 사람. 나를 추궁할 수 있는 유일한 사람. 말 한마디만으로도 나를 외로움의 구렁텅이에 빠트리는 사람. 내가 가장 두려워하는 사람. 해준에게 사랑이 '붕괴'라면 당신에게 사랑은 무엇일까. 나는 그것이 시시각각 변한다고 믿어. 무서운 속도로 지구가 돌듯이. 태양의 위치가 하루만큼 바뀌듯이. 그러므로 우리는 서로의 사진을 벽에 꽂아두고 바라보고 궁금해하고 상상할 수밖에 없을 것이다. '내가 그렇게 나쁩니까' 물어보고 싶은 날도 없지 않을 테고. 사실 나는 그렇게 묻고 싶은 날이 드물지 않다. 사랑하는 내가 그렇게 나쁩니까.

25

여름 바다에 가고 싶다고 생각만 하고 있다. 저기 멀리 바다가 보이는데 생각만 하고 있다. 이사 왔을 당시는 겨울이었고 매일매일 너무 추웠지. 그 겨울을 어떻게 지냈는지 모르겠다. 여러 일을 치르느라 매우 바빴고 제주에 살고 있다는 실감을 느낄 여유도 없었다. 그래도 열흘에 한 번 정도는 먼 곳으로 나갔다. 바다로. 산길로. 저녁 산책하면서 노을은 거의 매일 봤다. '걸으면서 노을 보기'는 서울에서도 천안에서도 소중하게 유지하던 일상. 지구가 돌고 있다. 지금도 돌고 있다. 엄청난 속도로 돌고 있다. 저녁마다 태양의 위치가 조금씩 바뀌었다. 그것을 계속 확인할 수 있고 볼 수 있어서 다행이라고 생각해. 좋아하는 카페에서 맛있는 커피를 마시며 책을 읽는 것. 밤바다를 보는 것. 해변을 걷는 것. 숲을 걷는 것. 바람이 거센 오름을 오르는 것. 영화관에서 개봉작을 보는 것. 그렇게 이곳에서 하고 싶은 것을 천천히 조금씩 하고 싶다. 서두르지 않고 느긋하게. 커다란 박스에 담긴 다양한 초콜릿을 아껴가며 하나씩 꺼내먹듯. 그러다보면 언젠가는 바다 수영을 할 수도 있겠지. 바닷물에 발만 담그는 날. 종아리까지 담그는 날. 겁을 내면서도 더 들어가서 어느 날에는 배꼽까지. 그리고 언젠가는 누워볼 수도 있겠지. 그러려면 우선 수영을 배워야겠지…….

26

정규 시즌 전반기가 끝났다.

독수리들의 승률은 2할 9푼 8리. 25승 1무 59패. 1위와의 게임 차는 32.5 경기. 10개 팀 중 10위. 최근 6연패를 하였다. 6연패를 하기 전에는 1승을 했고 1승 이전에는 5연패를 하였다. 이렇게 숫자로 적어놓고 보니…… 별 감흥이 없군. 앞의 1승은 9점의 점수 차를 뒤집은 내역전극이었다. 그러니까 '이길 수도 있다'는 생각을 절대 웃기다고 여기면 안 되는 거다. 야구는 흐름의 게임이라기에 2연승을 할 수도 있으리라는 기대로 하루 행복했었다. 독수리는 상승기류를 탈 줄 알기 때문에 날갯짓을 하지 않고도 날 수 있다는 내용을 어떤 책에서 본 적 있다. 상승기류……라는 게 있습니다, 독수리님들. 너무 아래쪽에만 있어서 잊었나본데…… 조금만 높이 올라가면 거기 상승기류가 있다고 합니다. 그것을 타면 날갯짓 없이도 쭉쭉 나아갈 수 있다고 합니다.

KBO리그에서 승률이 2할까지 떨어진 경우는 무려 이십 년 전이라고 한다. 2002년 거인들이 35승 97패 1무로 승률 2할 6푼까지 떨어졌었다고. 그러니까 독수리들이 계속 꼴찌하고 꼴찌하고 꼴찌하던 지난 시절에도 승률이 2할로 떨어지진 않았다는 말이다. 우리에겐 깰 수 있는 기록이 아직 많이 남아 있다. 7월 14일 OSEN 이상학 기자의 기사는 다음과 같은 문장으로 끝난다. '……한화의 추락도 끝이 보이지 않는다. 바닥인 줄 알았는데 지하실이 있을 줄 몰랐다.' 나는 기사가 그렇게 끝날 줄은 몰랐다. 기자도 충격이 컸던 걸까. 이기는 날보다 지는 날이 많다는 건 하나도 이상하지 않다. 연속 역전패를 당해도 역전승을 하는 날이 아주 없지는 않으니까 기대를 버릴 수는 없다. 그리고 어제 올스타전에서, 연장전 끝에 정은원 선수가 끝내기 쓰리런을 쳐서 MVP를 탔다. 꼴찌 팀의 젊은 선수가 올스타전 MVP를 탄 거다. 쓰리런, 끝내기 홈런, 그런 거를 못해서 안 하는 게 아닌 것이다. 할 수 있지만 기회가 닿지 않을 뿐. 다가오는 하반기에는 독수리님들…… 상승기류라는 게 있다고 합니다. 독수리는 상승기류를 타고 비상한다고 합니다. 그런 것이 있다는 것만은 기억하면 좋겠어요. 돌이켜보면 큰 점수 차이로 지고 있는 중에도 약속의 8회가 되면 '최강한회'를 외치며 '나는 행복합니다' 노래를 부르던 관중들이 제일 먼저 떠오른다. 행복을 유지하려는 마음가짐도 중요하지만 가끔은 불행도 느끼고 받아들여야 하는 것 같다. 계속 행복하기만 하면 변화하고 성장할 이유를 찾을 수가 없어……. 이제 7월 중순. 나의 전반기도 끝났다. 나도 이기는 날보다 지는 날이 훨씬 많았고 그런 건 하나도 이상하지 않았다. 왜냐하면 마리아 포포바가 쓰고 지여울이 옮긴 『진리의 발견』다른, 2020이라는 책의 제사題辭에는 다음과 같은 글이 있으니까.

우리는 어떻게 해야 할까, 별들이 타오른다면
우리에 대한 뜨거운 열정으로, 하지만 우리가 보답할 수 없다면
동등한 애정이란 존재할 수 없는 것이라면
좀더 사랑하는 쪽이 내가 되도록 해야지
— 위스턴 휴 오든

나도 좀더 사랑하는 쪽이 되어야지.

27

소설을 시작해야 하는데 어째서 못 하고 있나. 책상 앞에 앉으면 머리가 하얘진다. 명확한 인물이 머릿속에 있는데 얼굴을 보여주지 않는다. 나를 등지고 서 있어. 인물이 바라보는 곳에는 온갖 사람이 뒤엉켜 있다. 여름날 무성한 넝쿨처럼 무질서하게 뒤섞여서 울고 웃고 화를 내고 무서운 표정으로 뭔가를 씹어 먹는다. 그것을 바라보는 인물의 눈동자를 보고 싶다. 바람처럼 속삭이는 그 말을 듣고 싶은데 무섭다. 요즘 바다를 바라보고 있으면 문득 무섭고 하늘을 바라보고 있어도 문득 무섭다. 짙푸른 한라산을 바라보다보면 무섭다. 어제는 악몽을 꿨다. 사람들이 창문에서 뚝뚝 떨어지는 꿈. 잊을 만하면 찾아오는 악몽인데 이번에는 그 내용이 조금 달랐다. 그동안은 사람이 추락하기만 했는데 이번에는 지상에 서 있던 어떤 사람이 추락하는 사람을 받아 안았다. 온몸으로 받아냈다. 사랑한다는 건 때로 무섭다.

320만 년 전 아와시 강 유역에 살았던 여성 루시. 1970년대의 사람들이 화석을 찾아내어 '루시'라고 이름 붙인 그 여성을 생각하고 있다. 1970년대 사람이 붙인 이름이 아닌, 그의 진짜 이름이 궁금하다. 그는 자신을 무엇이라고 불렀을까. 데뷔작인 단편 「팽이」에 등장하는 엄마의 이름이 '루시'이다. 아마도 내가 스물다섯 살 즈음, 풍기의 내 방 좌식 책상 앞에 앉아서, 모두 잠든 밤에 불을 다 꺼놓고 썼을 그 소설. 그때 나는 320만 년 전 루시에 대해 전혀 몰랐을 것이다. 가만히 조용히 숨죽이면서, 어차피 방에는 나뿐인데도 누가 볼까 두려워하면서, 남들 몰래 나쁜 짓을 저지르듯 썼던 그 소설. 나는 왜 소설 속 엄마에게 '루시'라는 이름을 지어줬을까. 나는 어째서 소설을 썼을까. 과거의 일은 이처럼 내가 겪어놓고도 추측하고 상상해야 한다. 경험에 의미를 채워넣어야 한다. 가끔 '소설을 쓰게 된 계기'에 관한 질문을 받을 때가 있는데 사실 나도 잘 모른다. 내가 어쩌다 소설을 쓰게 됐는지. 어떤 대답도 어긋나는 것만 같다. 스물다섯 살의 나는 알았을까? 왜 글을 쓰고 있는지? 그때의 나에게 물어보고 싶다. 너는 어떻게 소설을 쓰니. 무엇이 너를 쓰게 하니. 미래의 나도 지금의 나에게 물어보고 싶은 게 있겠지. 살아 있다면. 원하는 게 있다면. 답을 구하고 싶다면. 그러니까 지금을 살자. 의미를 찾지 말고 일단 살아야 한다.

29

　　　　8월의 마지막 날 일기를 쓰려고 했는데 무기력해서 쓰지 못했다.

　잠에서 깨고 다시 잠들기를 반복하다가 아침에 눈을 떴을 때 목구멍이 살짝 부은 느낌이었다. 내가 잘 아는 느낌. 환절기 감각. 몸이 계절을 따라가지 못해서, 따라가고 싶지도 않아서, 잠시 멈춰 서는 것만 같다. 나는 제자리에 가만히 서서 저만치 혼자 가는 계절의 뒷모습을 바라만 본다. 계속 갈까 말까 망설이면서. 내가 지금 돌아서서 너와 반대 방향으로 걸어도 너는 모르겠지. 나를 두고 가겠지. 어쩐지 서운하고 어깃장을 놓고 싶지만 결국 나는 계절을 따라 걷는다. 터덜터덜. 땅바닥만 보면서. 신발을 질질 끌면서. 팔을 아무렇게나 흔들면서. 가고 싶지 않지만 머물고 싶지도 않다는 철없는 마음. 환절기는 쓸쓸하고, 목이 붓고 감기에 걸리고 울적해지고 무기력해지는 방법으로 시간을 벌어본다. 시간은 멈추지 않으니까 내가 길게 늘어트려서 틈을 벌려본다. 틈에 숨어 쉬고 싶다. 나는 8월을 좋아하지 않아. 좋아하지 않는구나, 깨달아버렸지. 돌이켜보면 8월에는 정서적으로 힘든 날이 많은 것 같다. 마음의 멍게가 번쩍번쩍 빛을 내고 몸을 한껏 부풀리면서 괴상하게 비관적인 노래를 부르는 닐돌. 8월의 어느 날에는 육지의 장례식장에 다녀왔다. 몇 년 전 썼던 『비상문』이라는 소설과 비슷한 상황이었다. 나는 죄를 지은 것만 같았다. 소설을 쓰는 일이 죄를 예고하는 것만 같았다. 죽음은 비극이 아니라고 생각하고 싶지만, 시간을 오래 두고 볼 때에나 간신히 비극이 아닐 수 있고, 비극일 수밖에 없는 순간은 반드시 있다. 경유지처럼 비극의 구간을 지나갈 수밖에 없다. 이번 역은 비극입니다. 다음 역은 죄책감입니다. 그다음 역은 상실감입니다. 그다음 역은……. 사람들은 운다. 질문하지 않는다. 기도한다. 대화하고 웃는다. 밥을 먹는다. 각자의 집으로 돌아간다. 나는 그들의 생각을 모른다. 나는 아무것도 모른다. 죽음을. 죽음 이후를. 모르니까 그저 산다. 삶 또한 모른다. 내일을 모르고 오늘조차 모른다. 어제는 뭐였지? 산다는 건 뭐지? 자고 먹고 일하고 그런 거 말고, 사랑하고 아파하고 슬퍼하고 그리워하는 그런 거 말고, 쓰고 읽고 소모하고 획득하는 그런 것도 말고, 성취하고 실패하고 도달하고 멀어지는 그런 것 또한 말고, 그러니까 그 모든 것이 없어도 가능한 삶이 있다. 있어야 한다. 그래야 죽지 말아달라고 말할 수 있다. 삶에 이유나 의미가 있어서가 아니라 그런 것 없이도 살 수 있다고. 살아보자고. 살면서 찾아보자고. 모르니까 우리 서로 물어보자고. 다를 수 있어. 다른 삶이 있을 거야. 삶은 축복이 아니다. 고난일 수도 있다. 그러니까 언어에 갇히지 말자. 축복이든 고난이든 쪼개어보자. 자잘하게 쪼개다보면 빛이 들 거야.

어둠도 생기겠지. 그 틈에서 잠시만 쉬자. 죽지 말고 쉬자. 숨어서 쉬어 가자. 나는 내가 숨겨주는 사람이면 좋겠어. 아주 큰 사람이어서 내 손에 내 겨드랑이에 내 발등에 내 머리카락에 내 품에 내 그림자에 누구든 숨겨줄 수 있는 사람.

30

 여름 바다에는 결국 가지 못했다. 바다를 만져보지 못했다. 하루만 시간을 내어 가까운 바다에 가면 되는데 기어코. 단 하루에 인색했다. 왜 그랬을까. 매일매일 써야 할 글이나 읽어야 할 책이 있었다. 나는 책상 앞에 앉아서 무언가를 했다. 그런데도 아무것도 하지 않은 기분이다. 여름을 도둑맞은 기분이다. 되찾고 싶진 않다. 나의 여름은 바람에 실려 날아가버렸지. 가을 태풍이 온다고 한다. 군청색 하늘에 짙고 거대한 구름이 묵직하게 움직인다. 계절은 일방적이다.

31

저녁 산책 중에 무지개를 봤다. 살면서 봤던 무지개 중 가장 선명하고 컸다. 얼마 전에도 오늘과 비슷한 장소, 시간에 무지개를 봤다. 태양빛과 수증기 조건이 비슷하면 바로 그 지점에서 나타나는 걸까? 순식간에 생겼다가 사라지는 무지개는 마치 시간의 터널 같다. 마음대로 시간의 터널을 만들 수는 없지만 시간의 터널이 발현하는 조건을 알아서 그 순간을 기다렸다가 시간여행을 하는 소설을 써보고 싶지만 그런 소설은 이미 존재하겠지……. 무지개는 멀리서만 볼 수 있다. 너무 가까이 가면 사라진다. 내가 감각하는 첫사랑의 이미지와 비슷하다. 다음 소설집에도 '첫사랑'이라는 제목의 소설을 실을 수 있을까? 가만히 바라보니 쌍무지개였다. 어디선가 읽었는데 쌍무지개는 무지개가 두 개인 것이 아니고 수증기에 빛이 두 번 굴절된 거라고 했다. 두 번 굴절되어 두 개로 보인다면 두 개라고 해야 하는 거 아닌가 싶고, 한 개든 두 개든 무지개는 실체가 아니고……
수증기와 빛이라는 글자를 이렇게 쉽게 쓰고 있지만 나는 사실 수증기와 빛의 개념조차 제대로 모르는 것 같다. 오늘 거대한 쌍무지개를 봤지만 나는 무지개가 무엇인지도 잘 모른다. 구름을 봐도 구름을 모르고, 바람이 좋다고 말하면서도 바람을 모르고. 모르는 채로 보고 말하고 쉽게 쓰면서 산다. 내 인생을 살면서도 나를 모르고 인생은 더 모르겠고…… 그나마 모르니까 살 수 있는 것도 같고. 나를 알고 인생을 안다면 기겁하면서, 뜨거운 돌멩이를 손에 쥔 사람처럼 바로 놓아버릴지도.

32

　　태풍 '힌남노'가 제주에 접근하고 있다. 내일 새벽 1시에서 3시경에 섬을 스치듯 지나간다고 한다. 새벽에 두어 번 깼다. 바람 소리 때문에 깬 건 아니었는데 바람 소리 때문에 다시 잠들기 힘들었다. 아침에는 너무 일어나기 싫었지만, 싫은 마음을 꼬깃꼬깃 접어 침대 밑에 던져버리고 일어났다.

　지금 바람도 많이 불고 비도 많이 온다. 창밖은 잿빛이다. 하늘도 바다도 땅도 보이지 않는다. 윈디Windy 앱으로 태풍의 위치를 계속 확인하고 있다. 내일이 고비라니까……라는 생각으로 미뤄뒀던 빨래를 세탁기에 넣고 작동 버튼을 눌렀다. 책상 정리를 했다. 버리고 닦으며 청소를 했다. 랩톱에만 저장해둔 소설 원고를 내 이메일로 보냈다. USB는 물에 잠기면 끝장이지만 대기업의 거대한 데이터센터에 저장해두면 괜찮지 않을까?

　가족들에게 전화가 왔다. 태풍이 온다는데 좀

어떤가 묻는다. 괜찮습니다. 바람이 많이 불고 비가 오지만 아직은 괜찮아요. 섬에서 맞이하는 첫 태풍이다. 처음이 너무 많다. 집이 날아갈 정도로 강력한 태풍이라고 한다. 헬멧을 사둬야 하나 진지하게 고민했다. 집이 흔들리면 나를 옷과 이불로 둘둘 감싸서 옷장 속에 던져넣을 거라고 다크니스는 말했다. 재난 경보 문자가 계속 온다. '태풍이 북상 중입니다. 외출을 자제해주시고, 안전한 장소에 머물러주시기 바랍니다.' 집은 안전한가? 초강력 태풍 앞에서 안전한 곳은 거대한 벙커 같은 곳 아닌가?『아기 돼지 삼 형제』의 집이 생각난다. 볏짚과 목재와 벽돌의 가격은 무척 다르겠지. 그 동화를 떠올리며 빈부격차와 경제적 계급부터 생각하다니 나는 정말 어른이 되었나보다.

  비가 쏟아진다. 비바람이 엄청나게 불어닥치는 숲속에 있는 것만 같다. 폭우 소리와 무성한 나뭇잎이 서로 부딪치는 소리는 비슷하다. 창밖의 가

시거리가 점점 짧아진다. 세탁기는 돌아간다. 집은 깨끗하다. 이제 소설을 쓸 것이다. 날씨는 모든 것에 영향을 준다. 오늘의 날씨가 소설에 영향을 줘서 태풍처럼 휘몰아치듯 글을 쓸 수 있다면 좋겠다.

33

　　　명절 연휴 동안 육지에 다녀왔다. 많은 가족을 만났다. 잠을 거의 못 잤다. 앉아 있을 시간 없이 여기저기 다니고 일을 하고 밥상을 치우면서 알코올중독자가 힙플라스크의 술을 홀짝홀짝 마시듯 텀블러의 커피를 틈틈이 마셨다. 나는 초등학생 때부터 명절이면 큰집에 가서 전을 부치고 송편이나 만두를 빚었다. 여자들이 음식을 할 때 남자 어른들은 바둑을 두었고 남자아이들은 자기들끼리 놀았다. 아이들 중 음식장만을 도울 만큼 자란 여자는 나뿐이었다. 고등학생이 된 이후에는 나만 전을 부친다는 사실에 불만이 생겼으나 표현하지는 못했다. 다만 일을 한 만큼 나의 자유 시간을 사수하겠다는 강한 의지를 표출했고, 음식을 다 만들고 나면 무조건 밖으로 나가서 낯선 동네를 두 시간 넘게 혼자 걸어 다녔다. 아무튼 나는 너무 오랫동안 명절마다 전을 부쳤고…… 이번에도 부쳤다. 명절이면 나는 말 잘 듣는 바보가 되는 것 같다. 하고 싶지 않은 일을 하지 않겠다고 말하기 곤란해서 그냥 바보가 되기를 선택한다. 나의 상식을 말했다가는 나만 싸가지없는 사람이 되는 게 아니라 내가 사랑하는 사람들까지 비난받을 테니까 침묵한다. 하지만 참을 수 없는 순간이 있고, 잘못을 잘못이라고 말했다가 '못됐다'는 말을 듣기도 하지만…… 아십니까. 나는 네가 하고 싶은 말의 절반도 못 했습니다. 이제는 아무도 나를 가르칠 수가 없어요. 나이가 들수록 마음의 저항은 단단해지고, 그것을 잘게 부수기 위해 소설을 쓰고……. 아직 소설에 쓰지 못한 바위산이 있다. 언젠가 쓸 것이다. 바위산을 토해낼 것이다. 토해내다가 내 몸이 찢어지고 부서지더라도 나는 할 것이다. 가벼워질 것이다. 내가 원래 얼마나 가벼운 존재인지, 가볍게 살 수 있었는지 잠시나마 느껴보기 위해서라도.

34

　　　　신당역 스토킹 살인사건을 생각하며. 머리를 감다가. 문득. 중얼거렸다. 여자에게 남자를 조심하라고 말하는 대신. 남자들에게 너 요즘 비동의 불법촬영물 보고 다니는 건 아니지? 확인해야 한다. 여자에게 밤길을 조심하라고 말하지 말고. 남자들에게 너도 혹시 비동의 불법촬영물을 찍고 다니니? 물어보는 게 더 빠를 것이다. 여자들에게 뭘 하라, 하지 마라 지시하지 말고. 남자들에게 여자를 때리거나 죽이지 말라고 매일 가르쳐야 한다. 여자를 협박하고 괴롭히고 죽이면 안 된다고, 구구단처럼 외우도록, 여자를 보면 반사적으로 그 생각이 튀어나오도록 가르쳐야 한다. 여자들에게 조심하라고 말하지 말고. 남자들에게 조심하라고 말해야 한다. 여자들이 대체 왜 조심해야 하나. 길을 걷고 마트에 가고 출퇴근하고 일을 하고 대중교통을 이용하는 일상의 매 순간을 조심해야 한다고? 사람 사는 사회가 정글인가? 언제 어디에서 어떤 동물이 나를 공격하고 죽일지 모르니까 언제나 신경을 곤두세우고 살아야 하는 정글? 하지만 그렇게 조심하고 경계하는 여자에게는 과민반응이라고 비난하겠지. 남자를 잠재적 가해자 취급한다고 흥분하겠지. 조심하고 경계하지 않는다면 어떤 일이 일어났을 때 여자의 잘못을 수백 가지 찾아내겠지. 여자가 이러지리했기 때문이라고. 나는 내가 몇 번씩 죽었다고 생각한다. 부활했다고 생각한다. 부활했다가 다시 죽었다고 생각한다. 죽었지만 죽은 줄 모르고, 살았지만 산 줄 모른다고 생각한다. 나는 내가 죽을 수 없는 존재라고 생각한다. 나는 내가.

35

모르는 것에 대해선 겸손하자. 안다고 생각하는 것에 대해선 더 겸손하자.

할 수 없는 일을 할 수 없다고 말하는 것에 죄책감을 갖지 말자. 할 수 있다고 말했다면 책임을 지자. 할 수 있을 것 같아서 할 수 있다고 말했는데 시간이 지나고 보니 할 수 없겠다는 판단이 들면 미루지 말고 말하자. 제발 말을 하자.

자기검열이 없는 것보다는 자기검열이 심한 게 낫겠지.

우울하면 손톱을 깎자. 어깨 운동을 하자. 주위를 환기하는 강아지처럼 방을 한 바퀴 돌자. 뭐라도 하자.

세상은 나에게 관심 없다. 나의 말과 행동에 관심 있는 사람은 없다. 지금 이 순간 내 생각을 하는 사람은 아무도 없을 것이다. 그러니 제발 걱정을 버려라.

하고 싶은 걸 하자. 먹고 싶은 걸 먹자. 글을 쓰

지 않아도 괜찮다. 글을 완성하지 못해도 아무 일도 일어나지 않는다. 그저 내가 글을 쓰지 못할 뿐이다. 그뿐이다. 글을 쓰지 못하는 나도 나다. 글은 나의 일부다. 글이 나를 잡아먹도록 두지 말자. 글을 괴물로 만들지 말자.

이틀 밤을 소리 없이 울다가 어젯밤에는 주변의 책 세 권을 갈기갈기 찢었다. 너무 울어서 눈이 아프다. 눈 안에 상처가 난 것처럼 쓰라리다. 눈을 감고 있으면 조금 괜찮지만 눈을 감고 싶지가 않다. 나는 가끔 그렇게 스트레스를 감당하지 못해서, 무엇도 어떻게 할 수가 없어서 가장 가까이 있는 책을 찢어버리는 사람이고, 그런 내가 무섭고 싫다. 유리는 시끄럽고 플라스틱은 멀쩡하고 종이는 조용하다. 나는 겨우 이런 사람. 나는 혼자 우는 사람이고 싶지 않다. 도움이 필요하면 도와달라고 말하는 사람이고 싶다. 울고 저주하고 파괴하고 찢어발기는 거 말고 다른 방식으로, 이를테면 요가나 명상이나 달리기처럼 건강한 방식으로 무거운 감정을 해소하는 사람이고 싶다. 나의 말을 스스로 지겨워하지 않고 내 잘못을 그만 찾아내는 사람이고 싶다. 나는 나를 비웃고 경멸하는 내가 너무 징그럽다. 내가 나에게서 좀 떨어져나가면 좋겠다. 종이처럼 찢어서 버릴 수 있으면 좋겠어.

37

갑자기 추워졌다. 담요와 털 실내화를 꺼냈다. 가을이 원래 이렇게 금세 추워지는 계절인가. 기후위기는 이십 년 후에 일어날 일이 아니다. 현재진행형이다.

어제 아침에는 L택배에서 알람이 왔다. 출판사에서 보낸 책이 천안 청수동으로 배송될 예정이라는 알람. 나는 한숨을 쉬고 택배 기사님에게 문자를 보냈다.

제가 이사를 해서 택배를 받을 수 없습니다.

답장이 왔다.

그럼 일단 반품 그거를 신청하세요.

그래서 나는 반품 그거를 신청했다. 기사님이 책을 바로 수거하셨는지 어쩌셨는지 모르겠다.

오늘 아침에는 모르는 번호로 전화가 왔다. 천안의 C택배 기사님이었다. 지난 5월에 내가 기사님에게 연락해서 정말 죄송하지만 청수동으로 배송 예정인 그 택배를 제주로 보내달라고 부탁한 적이 있는데, 그때의 상황을 기억하고 이번에는 나에게 먼저 연락한 것이다. 당신 앞으로 온 택배가 있는데 이걸 그때 그 제주도 주소로 보내면 되느냐고. 기사님의 친절과 배려에 무한 감동하여 감사합니다, 감사합니다, 정말 감사합니다, 핸드폰을 귀에 댄 채 허리를 숙여가며 인사했다. 기사님은 이게 제주까지 가면 추가 운임이 붙어 착불 택배비가 팔천 원이 나올 거라고 말씀하셨다. 나는 괜찮다고, 보내주신다니 정말 감사드린다고 말했다. 기사님 복 받으실 거예요. 감사합니다.

이사할 때마다 이런 일이 있다. 출판사마다 주소 수정 메일을 보내도 반영되지 않을 때가 있고 주소가 이중으로 기재될 때도 있어서 더는 내가 살지 않는 집으로 책이 배송되면 나는 그 책을 어떻게든 지금 사는 집으로 끌어오거나 출판사로 돌려보내야 한다. 그렇지 않으면 현재 그 집에 살고 있는 사람이 피해를 보니까. 아침에 택배 도착 예정 알람이 오면 나는 긴장한다. 도착 예정지가 제주가 아닌 천안 또는 남가좌동일까봐. 머지않아 나는 또 이사를 할 수밖에 없다. 출판사마다 주소 수정 메일을 보내더라도 어떤 책들은 더는 내가 살지 않을 지금의 집으로 오겠지……. 이런 생각을 하다보면 나의 집을 갖고 싶다. 주소 수정 메일을 쓰지 않을 수 있고 죽을 때까지 살 수 있는 나의 집. 하지만 내게는 집을 위해 끌어모을 영혼이 없고.

38

지난 기록 돌아보면서 나의 9월은 무척 암울했구나 새삼 깨달았다. 봄여름 보내면서, 상반기 지나면서 꽤 지쳤던 것 같다. 장편소설은 여전히 숲속 그 자리에 멈춰 있다. 마주 오는 기차가 여러 대여서 장편소설 기차는 기다릴 수밖에 없다.

39

올해 프로야구 보면서 가장 자주 들은 말은 '잔루는 만루'와 '무사만루'인 것 같다. 허무와 위기. 많이 듣고 보고 생각했으니까 언젠가는 그것에 대해 뭐든 쓸 수 있지 않을까? 이번 시즌 독수리들은 공룡들과 마지막 경기를 했다. 경기가 연장으로 가는 순간 나는 '12회 무승부'를 기원했다. 그러면 최대한 오래 볼 수 있으니까. '12회 우승'이어도 오래 볼 수 있는데, 어째서 나는 이길 수도 있다는 생각을 못 했을까? 늘 하던 그 생각을 마지막 경기 때는 왜……. 아무튼 정규 리그가 끝났다. 이제부터 더는 질 일도 없다.

40

    삼십 대 초반, 나에겐 텔레비전이 없었다. 나는 매일 저녁 랩톱으로 그날의 야구를 봤다. 실시간 스트리밍은 텔레비전 중계보다 몇 초 늦다. 게다가 당시 나의 랩톱은 오래된 것이어서 버퍼링도 잦았기 때문에 많이 늦었다. 화질도 별로여서 때론 공이 안 보였다. 홈런인지 파울볼인지 관객 함성 자이로 짐작하기도 했디. 그때 다크니스의 집에는 텔레비전이 있었다. 우리는 각자의 집에서 야구를 보다가 통화를 하곤 했다. 이런저런 이야기 중에 다크니스가 갑자기 어어, 어! 하는 소리를 내면 타자가 안타를 쳤거나 삼진을 당했다는 뜻이었다. 다크니스의 텔레비전에서는 일어난 일이 나의 랩톱에서는 아직 일어나지 않았기에 나는 다급히 말했다. 안 돼. 말하지 마. 아직 나는 그 시간에 닿지 못했어.

    올해 독수리들의 슬로건은 'OUR TIME HAS

COME'이었다. 나는 그 슬로건이 무척 마음에 들었고 결과적으로 꼴찌여서 따뜻한 웃음이 난다. 작년 슬로건은 아마도 'THIS IS OUR WAY'였지. 내년 슬로건이 벌써 기다려진다.

41

10월 27일에 엄마에게 문자가 왔다.

진영아, 아빠 회사에 사고가 났어. 아빠한테 전화해볼래.

아빠는 봉화의 광산에서 일하고 있다. 갱이 무너져 두 사람이 매몰되었고 아직도 구조 중이며 생사를 모른다. 아빠는 그 현장에서 오래 일했다. 아빠는 지금 그곳에 있다.

주말 아침에 눈을 떴을 때 뉴스를 접했다. 건물이 무너졌는가, 불이 났는가 생각했다. 기사를 읽으면서도 무슨 상황인지 잠시 이해할 수 없었다. 골목에서 길을 걷다가 백오십 명 넘는 사람이 죽었다. 십 대, 이십 대 젊은 사람들이. 서울 한복판에서. 대통령실 근처에서. 늘 인파가 몰린다는 그곳에서. 매년 인파를 예측하고 보행 관리를 했다는데 올해는 왜 아무것도 하지 않았나. 아니면 할 수 없었나. '현상'이라는 말과 '인력을 미리 배치함으로써 해결될 수 있었던 문제는 아니었다'라는 말. '참사가 아닌 사고'라는 말과 '피해자가 아닌 사상자'라는 말. '가만히 있으라'라는 말. 2014년 세월호 침몰 뉴스를 처음 들었을 때도 오전이었다. 외출 준비를 하다가 랩톱으로 전원 구조 오보를 봤다. 나는 그날 내가 무슨 옷을 입었는지, 틈틈이 핸드폰으로 뉴스를 검색하면서 어디에서 누구와 무슨 말을 했었는지 다 기억한다. 내 앞에 앉아 있던 당신의 옷차림과 말과 표정도 기억한다. 그때도 당신은 지난 주말 아침처럼 이게 대체 무슨 일이냐고, 이해가 안 된다고 중얼거렸다. 나 또한 그랬다. 실시간 속보를 검색해보면서도, 글자와 영상을 계속 보면서도, 분명 보고 있으면서도 무슨 일이 일어나고 있는지 제대로 이해할 수 없었다. 위험에 처한다면 나는 이해하지 못할 것이다. 상황을 예민하게 파악하고 앞서 행동하지 못할 것이다. 구조해주기를 기다릴 것이다. 뭘 어떻게 하면 살 수 있는지, 이런 일이 왜 일어난 건지 누군가 설명해주리라고 믿을 것이다. 컨트롤타워가 부재하는 상황을 거듭 봤지만 그래도 위험에 처하면 믿을 수밖에 없을 것이다. 외신은 한국 정부의 잘못이라고 한다. 한국 정부는 자기들 잘못이 아니라고 한다. 누군가가 분명히 사과하고 책임져야 하는 일을 커다란 통에 모조리 쓸어 담고 뚜껑을 닫아서 치워버리고 있다. 그것을 수습이라고 생각한다면, 시간이 흘러 모두가 잊었을 테니 괜찮을 거라는 착각으로, 또는 그 통의 존재조차 잊은 채로 여긴 뭐가 들었더라 궁금해하면서 그 뚜껑을 열어본다면, 통은 텅 비어 있을 것이다. 치워진 존재는 통을 빠져나와 다른 형태로 우리를 포위하고 있을 것이다. 윤동주 시인의 「팔복八福」이 자꾸만 떠오른다. '슬퍼하는 자는 복이 있나니/저희가 영원히 슬플 것이오.' 슬픔은 혼자 오지 않는다. 슬픔은 언제나 다른 감정의 손을 잡고 온다. 분노. 의심. 부정. 원망. 죄책감. 분노 다시 분노. 국가 애도기간이니 아무것도 하지 말고 그저 슬퍼하라는 말은 너무나 모멸적이다. 죽음 앞에서 다만 슬퍼할 수만은 없다. 그것은 불가능하다. 십여 년 전에 봤던 기사가 생각난다. 초식동물인 코끼리가 사람 열일곱 명을 잡아먹었다. 사람들이 아기 코끼리를 죽였기 때문이다. 자식을 잃은 존재는 잡아먹을 수 있다. 무엇이든 잡아먹으며 장례를 치를 수 있다. 사랑은 분노다. 사랑은 공포이며 두려움이고 아무리 잃어도 계속 잃을 수밖에 없는 끝없는 상실이다. 영원히 슬픈 자가 있다. 영원히 사랑하기 때문이다. 슬픔을 껴안은 거대한 사랑을 조롱하고 파괴하는 사람들. 잡아먹힐 것이다.

43

  10월 마지막 날로 잡혀 있던 단편소설과 에세이 마감을 끝냈다. 영혼이 너덜너덜해진 느낌이다. 지치거나 힘든 내용의 글도 아니었고, 쓰는 동안에는 힘이 났던 것 같은데, 마감을 하자마자 울적하고 비관적인 생각들이 탄산 거품처럼 부풀어오른다. 그런 감정을 꾹 누르고 있었던 것 같다. 우울과 피로를 계속 감지하면서 내 성격을 다 받아주다보면 일을 제대로 해낼 수 없으니까. 글쓰기는 나의 골칫덩이면서 도피처다. 해가 갈수록 글 쓰는 일은 점점 재밌어지고 딱 그만큼 어려워진다. 십 년 전과 비교해보면 확실히 훨씬 더 지치는 것 같다. 글 한 편을 쓰는 데 시간도 더 소요되고, 쓴 만큼 정신에서 빠져나간다. 빠져나간 자리에는 무언가 차오른다. 쓰는 동안 외면했던 축축하고 따끔거리고 어두운 감정들이 자기 순서를 기다렸다는 듯.

마감을 끝냈지만 해야 할 일이 많다.

그렇다면 하자.

44

저녁 산책을 하던 중에 전화를 받았다. 계간 『자음과모음』의 '이 계절의 소설'에 단편소설 「홈 스위트 홈」이 선정되었다는 소식이었다. 간간이 그런 기쁜 소식을 들을 때마다 나는 마음껏 좋아하지를 못한다. '응?' '왜?' '어째서?'라는 생각이 먼저 들기 때문이다. 그런 생각이 셔터처럼 차르랑 내려와 좋아하는 마음을 가로막는다. 「홈 스위트 홈」은 지난봄에 써서 지난 9월에 발표했다. 꽤 오래 들여다본 소설이다. 초고를 쓴 뒤 고치지도 못할 걸 알면서 계속 봤고, 사소한 조사나 관형사만 고치면서 거듭 읽는 날들이 길게 이어졌다. 그 소설에 지난봄을 가둬둔 것 같다. 그 시절의 고민, 관심사, 감정, 생각을 담아서 떠나보냈다. 그 소설을 쓰면서 보낸 시간이 있기에 지금의 나는 그때와 조금은 다른 사람. 책에 실린 소설은 나의 과거이지만 타인은 그것을 나의 현재로 본다. 마치 별빛처럼.

45

　　두 사람이 매몰된 후 아빠는 집에 가지 못하고 계속 회사에 머물렀다. 매일 인터넷으로 관련 기사를 찾아본 다음 아빠에게 전화했다. 전화해서 하는 말이라곤, 이게 고작이었다.

　잠은 좀 주무세요? 밥은 드셨어요? 조심하세요. 아빠. 조심하셔야 해요.

　아빠는 담담한 목소리로 늘 같은 대답을 했다.

　그래도 네가 이렇게 전화를 주니까 힘이 난다.

　어제저녁 8시쯤에도 전화를 했다.

　주말에도 집에는 못 가시겠어요.

　응, 언제 갈 수 있을지 몰라. 어제는 밤을 새웠어. 그래도 오늘은 좀 잘 수 있을 것 같아. 아버지 걱정은 안 해도 돼.

　또 전화 드릴게요.

　응, 그래도 네가 이렇게 매일 전화를 주니까 힘이 난다.

그리고 밤 11시 16분에 전화가 왔다. 사는 동안 그 시간에 아빠가 나에게 전화를 한 적은 한 번도 없었다. 아빠는 들뜬 목소리로 빠르게 말했다.

진영아, 진영아, 두 사람 다 구조했어. 살았어. 살아 나왔어. 네가 계속 걱정을 해서 구조하자마자 바로 너한테 전화를 한 거야. 이젠 됐어. 이젠 다 됐다.

그리고 아빠는 급히 전화를 끊었다.

하루하루 지나는 동안 나는 '아직 살아 있을지도 몰라'라는 생각보다 '이젠 좀 어렵겠지'라는 짐작을 더 많이 했는데…… 어두운 땅속에서 두 사람은 걸어나왔다. 기적이라는 말을 이럴 때는 쓸 수 있지 않을까. 사는 동안 기적은 많았다. 태백 광산에서 일할 때 아빠는 탈선하는 열차에 다리가 깔렸다. 뼈에 철심을 박고 육 개월 동안 입원했었다. 평택에서 일할 때는 머리로 볼트가 떨어졌었다.

머리에 붕대를 친친 감고 집으로 들어서던 아빠 얼굴이 생생하게 떠오른다. 그 외에도 기적은 너무나 많았다. 몇 년 전부터 나는 아빠에게 부탁하듯 말했다. 아빠, 이제 일은 제발 그만하세요. 아빠는 일을 너무 오래 했어요. 위험한 일은 멀리하고 드라이브 다녀요. 등산도 하고 유원지도 가고 낮잠도 주무세요.

아침에 일어나 엄마에게 전화했다. 아빠가 오늘 아침에 집에 왔다고, 지금은 마당에서 세차를 하고 있다고 엄마는 말했다. 다행이다, 잘됐다, 걱정을 덜었다, 그런 말 하나 없이 평소처럼 심드렁한 목소리였다. 평소와도 같은 것. 나는 그것이 너무나 소중하다. 10월 29일 참사로 너무 많은 사람이 죽었다. 그 뉴스를 봤을 때 내가 먼저 한 생각은 '혹시라도 내가 아는 사람이 저곳에 있지 않을까.' 그런 생각을 했다는 것만으로도 죄를 지은 것 같았다. 사람이 죽었다는 소식을 들으면 죄책감을 느낀다. 나에게도 기적은 많았다. 지금 살아 있다는 것이 오히려 이상하게 느껴질 때마다 사랑한다고 말한다. 살아 있어달라고 말한다. 죽음은 언제나 우리 가까이 있다. 그것은 가장 나중의 일. 그러나 마지막은 아닌 것. 죽음은 이별이 아니다. 다시 만나자고 말하기 때문이다.

46

　　　　개기월식을 봤다. 트레이닝복을 입고 밖으로 나가서 봤다. 패딩 점퍼를 입었어야 했다고 생각하면서, 잠깐 집에 들어가서 입고 나오면 되는데 그러지 않고, 패딩 점퍼를 생각만 하면서 움직이는 지구의 그림자와 달을 바라봤다.

　최신형 핸드폰으로 찍은 달 사진과 내 핸드폰으로 찍은 것의 선명도 차이가 너무나 커서 놀랐다. 개기월식보다 훨씬 놀라웠다.

　밤하늘에 엄지 검지를 대고 화면 확대를 하고 싶었다. 요즘은 인화한 사진을 보면서도 나도 모르게 엄지 검지를 대고 확대하려고 한다.

　처음 월식을 관찰한 건 고등학교 1학년 때. 월식이 있을 거라는 기사를 종이신문으로 보고 새벽까지 기다렸다. 고요하고 깜깜한 새벽에 발코니에서 달을 봤었다. 월식 자체보다 그 시간을 기다리며 '그냥 잘까 말까' 망설이던 마음이 더욱 진하게 남아 있다. 그리고 혜성. 같은 해 봄이었다. 며칠 동안 내 방 창문 너머로 헤일밥 혜성을 지켜봤다. 밤마다 조금씩 왼쪽에서 오른쪽으로 이동했던 것 같다. 혜성의 꼬리까지 관찰할 수 있을 만큼 아주 선명했다. 그때도 나는 환호하거나 기뻐하기보다 의심했다. 저게 진짜인가. 진짜 혜성이란 말인가. 역시나 의심하던 그 마음이 더 크게 남아버렸다. 언젠가는 육안으로 오로라를 보고 싶다. 의심 없이 경탄하며 보고 싶다.

47

　　광활하고 차갑고 고요한 세계를, 엄청난 속도로 움직이는 행성과 위성을, 불타오르는 항성을, 우주를 상상하면 나는 점점 가벼워진다. 주머니에 가득 모아둔 고민과 걱정을 땅바닥에 내려놓고 지금을 잘 살자는 생각이 든다. 현실적인 걱정들이 나를 포위하여 점점 압박한다고 느낄 때는 나부터 나에게서 물러날 필요가 있다. 멀리 떨어져서, 거시적으로, 시공간의 의미조차 없는 우주에서 나를 바라보면…… 나는 없다. 나는 먼지조차 아니고 0.0000000000000001초도 아니다. 하지만, 그러나, 그럼에도, 나는 여기 있다. 사랑하는 사람들이 여기 분명히 있다. 이해 불가능한 세상을 이해해보려고 애쓰는 사람들. 나는 그 또한 사랑이라고 생각해.

48

'문학주간' 행사가 있어 서울의 대학로에 다녀왔다. 대학로의 플라타너스 나무들은 정말 멋지고 크고 웅장했다. 단풍과 낙엽은 아름답고 찬란했다. 서울을 둘러싼 산들이 정답고 든든하게 느껴졌다. 서울에 살 때는 미처 느끼지 못했던 감정들. 속했을 때는 그것이 얼마나 다채롭고 놀라운 풍경인지 실감하기 어려운 걸까. 그래서 떠나야 하는 걸까. 아주 떠나지는 말고, 가끔씩은 돌아봐야 하는 걸까. 그래야 이곳과 저곳을 다시 볼 수 있는 걸까. 일하러 간 서울에서 뜻하지 않게 단풍 구경을 해버렸다. 이삼십 대의 나라면 낙엽 하나쯤 주워서 책 사이에 끼워 왔겠지만 더는 그러고 싶지 않다. 그곳의 것은 그곳에 그대로 두고 싶다. 나로 인해 무언가가 달라지지 않으면 좋겠다. 그것이 단 한 장의 낙엽일지라도.

49

　　서울을 떠난 뒤에야 깨달은 것이 하나 더 있다. 서울 교통의 편리함. 서울의 지하철은 놀랍도록 정확하고 정말 멀리까지 이어져 있다. 그 정확성과 편리를 위해 계속 사람이 죽는다. 막을 수 있는 죽음을 막지 않고 인력 감축을 말한다. 지하철과 버스는 대중교통인데 장애인은 사용하기 힘들다. 전국장애인차별철폐연대(전장연)의 지하철 출근 시위 때 "장애인이 왜 출근 시간에 지하철을 타려고 하느냐"고 불평하는 사람들이 있었지. "그러는 당신은 왜 출근 시간에 지하철을 탑니까……?"라고 물어보면 "나는 장애인이 아니니까"라고 대답할까? 누구나 장애인이 될 수 있고 언젠가는 교통약자가 될 수밖에 없다. 장애인도 출근하고, 대중교통을 이용해서 어디로든 갈 수 있어야 한다. 세상을 알면 알수록 마음 편히 바라보거나 사용할 수 있는 것들이 점점 줄어드는 것 같다.

내가 어떤 사람인지 나는 모른다. 나는 나를 볼 수 없다. 나는 나를 들을 수 없다. 어떤 사물을 이용해야만, 거울이나 카메라, 녹음 기계를 거쳐야만 나를 보고 들을 수 있다. 그것이 과연 나일까? 나로 살면서 나를 제대로 알지 못한다. 내가 어떤 사람인지 주변 사람에게 물어본다면 아무도 진실을 말해주지 않을 것이다. 또는 각자의 진실이 다를 것이다. 해줄 말이 없을 수도 있다. 나라는 인간에 대해 어떤 정의도 내려본 적 없을 테니까. 일단 나는 그렇다. 주변 사람들을 판단하거나 정의하지 않는다. 그냥 같이 산다. 다투고 오해하고 착각하고 아끼면서.

"작가님은 어떤 어린이였나요?"라는 질문에 횡설수설 대답한 적이 있다. 나는 어떤 어린이였을까? 좋은 기억보다는 부끄럽거나 지우고 싶은 기억이 많다. 잊고 살던 옛일이 느닷없이 떠오를 때가 있고 나는 뒤늦게 그 시절을 이해한다. 내가 왜 그런 사람을 만났는지, 왜 그런 말을 했고 그렇게 행동했는지, 그 시절 나의 진심을 뒤늦게 알아챈다. 당시에는 앞모습만 볼 수 있었다면 시간이 흘렀기 때문에 옆모습과 뒷모습까지 볼 수 있는 것처럼. 현재를 결과로 두어야만 과거의 일이 설명 가능할 때가 있다. 과거는 언제나 나를 기다린다. 돌아보고 소집하고 해석해서 새내로 정리하고 의미를 채워주길 바라고 있다. 현재를 실시간으로 이해할 수는 없다. 기다려야 한다. 미래의 내가 지금의 나를 돌아보기를……. 그런데 나는 어떤 어린이였을까?

놀러 가고 싶다. 바다 가고 싶다. 산길을 걷고 싶다. 하루 종일 책만 읽고 싶다. 그런데 정말 그러고 있으면 글을 쓰고 싶다고 생각하겠지. 어떤 말은 그럴 의도가 전혀 없어도 상대를 행복하게 만든다. 자신의 상태를 말할 뿐인데도 듣는 내가 행복해진다. 사랑하기 때문이지. 루시드 폴의 노래가 부쩍 듣고 싶은 날들이다. 낮게 읊조리는 목소리가 필요한 계절. 오늘 제주도는 갑자기 겨울이 되었다. 밤새 눈이 왔는지 한라산이 희끗희끗하다.

52

겨울이다.

OUR TIME HAS COME.

장편을 쓰자.

53

 아빠가 퇴직했다. 어제까지 일을 하고, 오늘 아침에 짐을 싸서 집으로 돌아갔다고 한다. 어제저녁 아빠는 나에게 전화로 당부했다.

 내가 내일부터는 일을 하지 않을 거야. 그런데 집에만 있으면 우울증이 올 거다. 그러니까 내가 뭘 할 수 있는지 좋은 아이디어가 있으면 꼭 말을 해줘.

 아빠는 나보다 서른 살이 많다. 아빠는 자기 일을 좋아했다. 그래서 너무 오랫동안 일했다. 더는 직장을 다닐 수 없어서 아빠는 서운할 것이다. 하지만 나는 다행이라고 생각한다. 부모님은 거의 평생을 주말부부로 살았다. 일주일에 두어 번 만나는 사이였지만 이제부터 매일매일 같이 있을 것이다. 결혼하고 사십 년 넘게 살면서 그런 경험은 처음일 테니까 뭔가…… 새로운 도전이 시작되는 것이다. 그래도 집에는 텔레비전도 두 개고 침대도 두 개니까 괜찮을 거다. 옆모습, 걸음걸이, 종아리의 모양, 약간의 강박증, 식성, 술버릇, 이상한 고집, 취향, 잠버릇 등등 나는 아빠를 많이 닮았다. 옛날에는 그걸 인정하기 싫었다. 요즘은 '나 지금 되게 아빠 같았어!' 깨달을 때마다 깜짝 놀라고 그냥 받아들이는 편이다. 방금 아빠에게 전화를 걸어 이번 기회에 성경 필사를 해보는 게 어떻겠냐고 권했디. 그래, 그기 좋은 생각이디. 이뻬는 대답했다. 아빠는 나를 많이 닮았다.

연말을 맞아 인터넷으로 무료 신년운세를 검색해봤다. 내년에는 말실수로 인한 구설수를 조심하라고 한다. 말실수와 구설수라니…… 너무 무섭다. '자신이 하고 싶은 것을 다 하려고 했다가는 도리어 그 일들이 자신의 발목을 잡을 수 있습니다'라는 문장도 있다. 내가 내 발목을 잡는다면 그나마 다행이겠지. 내년에는 말조심하고 내 발목을 붙잡고…… 어쨌든 나를 조심하라는 예언 같다. 나여, 부디 나를 조심하자.

친구들이 머리를 염색하고 운전면허를 따고 어른의 옷을 사면서 스무 살을 준비할 때 나는 비관과 염세에 빠진 채 방에 틀어박혀서 이쯤에서 내 인생이 끝나기를 매일 바랐다. 대학 졸업을 앞둔 친구들이 취업 준비를 할 때도 나는 그것에서 멀찍이 물러나 아무것도 꿈꾸지 않으려고 노력했다. 미래를 계획하고 행복을 추구하며 꿈을 좇는 삶이 두려웠다. 친구들이 연이어 결혼할 때 처음으로 자문했다. 나는 왜 결혼에 대한 욕망이 없지? 친구들이 비슷한 시기에 출산할 때도 자문했다. 나는 왜 아이를 낳고 싶다는 생각이 안 들지? 돌이켜보면 정말 쓸데없는 자문이었다. '왜'를 빼고 물음표가 아닌 마침표를 붙이면 될 일이었어. 아무튼 내 또래가 서른 살 초입에 했을 일을 나는 오늘 했다. 은행에 가서 전세자금대출 신청 서류에 사인했다. 이제 나에게도 빚이 생겼다. 매달 이자를 갚아야 하는 세계에 진입했으니 책임감을 갖자.

　제주에 오면서 일단 일 년을 살아보자고 생각했었다. 일 년이 너무 빠르게 흘러갔다. 대부분 날들을 나는 책상 앞에 앉아서 일했다. 바다와 한라산을 바라만 봤다. 아직 올레길을 걸어보지 못했고 몸국도 못 먹어봤다. 바람 소리, 창밖의 먼바다, 동네의 귤밭과 돌담 이상의 제주를 실감하고 싶다. 제주에 더 살아야겠다는 다짐을 하고 주거의 안정부터 확보했다. 한림읍으로 이사할 예정이다. 더 서쪽으로 가는 것이다. 출판 관계자 선생님들께. 저는 또 이사를 합니다. 곧 주소지 변경 메일을 보낼 예정입니다. 자꾸 번거로운 부탁을 드려서 죄송합니다. 이번에 이사하면 당분간은 주소지를 변경하지 않기 위해 노력하겠습니다. 성실하게 이자를 갚아보겠습니다. 모쪼록 잘 부탁드립니다.

56

천안에서 제주로 이주한 날을 떠올려본다. 연말 연초, 겨울의 한가운데였다. 당시 사용하던 가전은 거의 옵션이었고 내가 샀던 소량의 가구는 거리에 내놓았더니 사람들이 바로 가져갔다. 버릴 수 없는 책과 옷을 우체국 택배 상자에 포장했다. 상자가 서른 개 넘게 나왔다. 방문택배를 예약해 짐을 부치고, 이사 당일, 그날 아침까지 덮은 이불과 깨지기 쉬운 그릇 등을 승용차에 차곡차곡 (마치 테트리스를 하듯) 싣고 네 시간가량 고속도로를 달려 완도에서 배를 탔다. 제주항에 도착했을 때는 밤이었다. 숙소에서 하룻밤 자고 다음 날 아침 이사할 집으로 갔다. 춥고 텅 빈 집에 들어가 무언가를 기다리는 사람처럼 멍하니 서 있다가…… 바닥을 쓸고 닦고 승용차의 짐을 집으로 옮겼다. 육지에서 미리 주문해둔 가전을 받아 설치하고 정리하다보니 하루가 다 갔다. 배가 고파서 배달 앱을 열었다. 시내에서 멀지 않은 곳인데도 배달이 안 되는 식당이 많았고 그나마 배달이 되는 곳은 배달 팁이 팔천 원인가 붙었다. 그때 처음으로 실감한 것 같다. 내가 낯선 곳에 있다는 사실을. 길가의 동백나무나 돌담을 볼 때 느꼈던 '제주에 왔다'는 실감은 철저하게 관광객 입장이었던 거다. 나는 제주에 살기 위해 왔다.

다음 날 시내의 가구점을 찾아가 바로 배송 가능한 가구 위주로 주문했다. 집으로 돌아와 육지에서 부친 택배 상자를 받았다. 거의 책이어서 무거웠다. 상자를 옮기고 정리하다보니 발등이 아파서 절룩절룩 걸었다. 가구를 받아 적당한 자리에 두고 날이 저물기 전에 장을 보러 갔다. 쌀, 현미, 라면, 간장, 된장, 고추장, 소금, 파, 양파, 마늘, 버섯, 두부, 콩나물, 무, 배추, 미역, 참치통조림, 달걀, 식빵, 냉동만두, 각종 밑반찬, 맥주, 소주, 와인 등등 보이는 대로 카트에 넣었다. 거의 식자재였다. 마치 재난을 대비하는 것 같았지만 우린 웃고 있었다. 외식이나 배달음식을 줄이고 집에서 무엇이든 만들어 먹기로 했다. 다행히 나는 뭐든 잘 먹고 다크니스는 요리를 좋아하니까.

발등이 계속 아파서 정형외과에 갔더니 인대에 염증이 생겼다고, 혹시 많이 걷거나 무거운 것을 무리해서 들었느냐고 의사가 물었다. 네, 제가 이사하느라고 짐을 좀 많이……. 의사는 의아하다는 눈빛으로 나를 잠깐 봤다. 요즘처럼 포장 이사가 흔한 세상에 네가 짐을 들어봤자 얼마나……라고 묻는 것만 같았다. 하루하루 살림을 채우다가 글을 쓰고 읽을 방을 가장 마지막에 정리했다.

지난 일 년 이 방에서 먼바다를 바라보며 단편소설과 에세이를 썼다. 장편소설을 쓰려고 했으나 쓰지 못했다.

제주에서 다크니스와 처음 다툰 이유는 볶음밥에 넣을 감자를 내가 너무 크게 썰었기 때문이다. 나는 겨우 감자 크기 때문에 화를 내는 다크니스를 이해할 수 없었다. 다크니스는 생각 없이 감자를 크게 썬 나를 이해하지 못했다. 언쟁을 하다가 나는 너무 화가 나서 집을 나갔다. 집 근처 편의점(자정에 문을 닫는다)으로 가서 맥주 한 캔을 샀다. 편의점 테라스에 앉아 맥주를 마시면서 절친에게 전화해 다짜고짜 물었다. 감자를 크게 썬 게 그렇게 화낼 일이야? 친구가 말했다. 혹시 그가 감자를 썰어달라고 부탁했어? 나는 아니라고 대답했다. 그러자 친구가 한숨을 쉬며 말했다. 부탁하지 않은 일은 하지 마. 괜히 방해만 되고 일만 늘어. 만약 부탁을 받으면 딱 그만큼만 하는 게 좋아. 뭘 더 하려고 하지 말고. 친구는 직장에 다니면서 집안일도 하는 워킹맘이다. 친구의 말을 듣고 깨달았다. 내가 돕겠다고 한 행동이 오히려 상대를 불편하게 할 수도 있음을. 나는 집으로 돌아가서 다크니스에게 사과했다. 이후 요리 비슷한 것은 시도하지 않고 다크니스가 부탁하는 것만 하니까 다툴 일이 없어졌다. 그의 부탁이란 거의 이런 것이다. 맛 좀 봐줄래? 불 좀 줄여줄 수 있어? 그릇 옮겨줄 수 있어? 밥 먼저 먹고 하면 안 돼? 따뜻할 때 먹어야지.

 이주했을 당시에는 정신이 없어서, 매일매일 해야 할 일을 해내느라 나에게 일어난 일을 제대로 돌아보지 못했다. 요즘은 바다를 멍하니 바라보다가, 걷다가, 공항에서 지연되는 비행기를 기다리다가 문득 생각한다. 맙소사. 내가 제주에 살고 있다니. 이게 대체 어떻게 된 일이지? 나는 나에게 일어난 일을 제대로 파악하기까지 시간이 꽤 걸린다. 즉흥적으로 저지르고 그 선택의 의미를 뒤늦게 깨닫는 편이다. 경우에 따라 후회도 하고 체념도 하고 안심도 하고, 스스로를 책망하면서 수습하느라 안간힘을 쓸 때도 있다. 그때가 내 인생에서 얼마나 중요한 순간이었는지, 대부분 오랜 시간이 흐른 뒤에야 깨닫는다.

  닷새 뒤 우리는 또 이사를 한다. 이사를 마친 뒤 다크니스는 한림읍 옹포리에서 작은 핸드드립 카페를 할 예정이다. 이번에도 오랜 시간이 지난 후에야 지금 우리의 선택이 어떤 의미였는지 깨달을 수 있겠지. 해석을 하려면 일단 살아야 한다. 정신없게라도 살긴 살아야 해.

57

집 근처에, 오백 걸음도 안 되는 곳에, 그러니까 동네의 하나뿐인 편의점 밑에 '언플러그 unplug'라는 LP바가 있다. 그곳에 한번 가보자고 한 달에 한 번씩은 말한 것 같은데, 내일 이사를 앞두고서야, 이 집에서의 마지막 저녁을 먹은 뒤에야, 미뤄둔 숙제를 하듯 (또는 마지막 파티를 하듯) 마침내 갔다. 나는 하이볼을, 나그니스는 글렌피딕 12년산 샷을 주문하고 메모지에 신청곡을 적었다. 이 좋은 곳을 떠나기 전날에야 오다니······ 아쉬운 마음도 컸지만 다행이라는 생각도 들었다. 진즉 알았다면 자주 가느라 돈을 많이 썼겠지.

어두운 조명 아래서 좋아하는 음악을 온몸으로 듣고 있으니 마치 일 년 동안 여행을 한 것 같았다. 그리고 내일 또 다른 여행지로 떠나는 거다. 대학 입학하고 서울에서 살 때가 떠오른다. 3박 4일 수학여행을 간 것만 같은 기분으로 사 년을 보냈다. 기숙사에, 자취방에, 고시원에 짐을 풀 때마다

'곧 떠날 곳'이라고 생각했다. 짐을 줄이고 정을 두지 않으려고 했다. 머무르는 공간을 매몰차게 대했다. 자취방에서 같이 지냈던 친구는 나와 함께 지내기 불안하고 불편했을 것이다. 친구가 나를 배려해주면 나는 또 그 배려가 부담스러워 집 밖을 맴돌았다. 그리고 늘 그렇듯, 그 친구에게 미안하다는 생각은 시간이 꽤 흐른 후에야 들었다. 나는 스스로를 무던한 사람이라고 자주 착각한다. 이렇게 과거를 곰곰 되짚어보면 까다롭고 별난 순간이 적지 않은데.

    여전히 여행하는 기분으로 살지만 이십 대처럼 불안하지만은 않다. 그때보다는 한결 부드러워진 것 같다. 나이 들고 짐은 늘고 책임도 더해졌지만 마음은 가벼워졌다. 어쩌면 이십 대 때는 더 큰 것을 바라는 마음으로 버리고 줄이고 포기했는지도 모른다. 더 값진 것으로 채우기 위해 비웠을 수도 있다. 지금의 내가 그때보다 가벼워졌다면 그때의 내가 충분히 무거운 존재로 살았기 때문이다. 싸우고 포기하고 방황했기 때문이다. 다르게 말하자면 머무르지 않았기 때문이다. 불편과 불안을 자기 몫만큼 떠안았기 때문이다. 그러니 과거 생각은 그만하고 오늘을 살자. 오늘의 몫을 하자.

이사를 했다. 이사한 당일에 이사한 집으로 택배가 왔다. 출판사에서 보낸 책이었다. 이후에도 여러 책이 왔는데 모두 착오 없이 이사한 집으로 무사히 왔다. 출판사 관계자 여러분 정말 감사합니다. 연초에 주소 이전 요청이라니, 번거로운 부탁이었을 텐데도 잊지 않고 수정해주셔서, 신경 써주셔서 한없이 감사합니다. 제가 앞으로 잘하겠습니다. 새해 복 많이 받으세요.

59

다크니스가 카페를 열었다. 카페의 풀네임은 '무한의 서 커피 로스터스'이고 간판 이름은 '무한의 서'인데(페르난두 페소아의 『불안의 서』를 변주했다) 우리는 그냥 '무한'이라고 부른다. 우리의 공간을 만든다면 그곳의 이름은 '무한'으로 하자고 예전부터 자주 얘기했다. 무한은 영원, 무한은 두 개의 눈그라미, 무한은 눈사람, 무한은 유한한 우리가 추구할 수 있는 고상한 가치이자 마음껏 상상할 수 있는 것이니까. 그런데 그 이름을 들은 사람들 반응이 '무한도전'과 '무한리필'에 집중되었고…… 고심 끝에 '서'를 붙이기로 했다. '서'에는 west, record, place의 의미를 담아보았다. 그러니까 '무한의 서'는 '제주의 서쪽에서 무한을 기록한다'는 뜻이다. 0110이 어쩐지 무한과 어울린다(?)는 나의 주장으로 1월 10일에 문을 열었다. 당분간은 나도 카페에 나가서 손님인 척 구석자리에 앉아 글을 쓸 것이다. 장차 손님이 많아진다면(부디 그런 날이 오기를) 작은 카페의 한 자리를 차지하고 앉아 있을 순 없을 테니까 다시 조용한 집에서 글을 쓰겠지만. 자영업의 지속가능성 여부는 삼 년 정도 지나야 윤곽이 보인다고 들었다. 삼 년 뒤 우리는 어디에서 무엇을 하고 있을까?

60

어제 서울 다녀왔다. 인터뷰와 온라인 북토크를 하고 밤 비행기로 돌아왔다. 이사하기 전에는 집에서 제주공항까지 택시 타고 이십 분 거리였는데 한림읍에서는 한 시간 가까이 걸린다. 아침 10시 비행기여서 일찍 집을 나섰다. 비가 많이 내렸다. 버스를 타면 늦을 것 같아서 택시를 탔다. 그런데 비가 많이 와서 비행기가 사십 분 지연되었다. '버스를 탈걸' 같은 후회는 아무 쓸모가 없어서 하지 않았다. 비행기가 지연되는 경우를 몇 번 겪은 뒤에는 약속 시간보다 최소한 두 시간 빨리 도착하는 비행기를 예약한다. 제주로 돌아오는 비행기도 지연되었다. 돌아오는 비행기가 지연되는 건 전혀 문제가 안 된다. 비행기를 기다리면서, 하늘을 날면서, 지하철을 타고 오가면서, 그동안 읽고 싶었지만 시간이 없어서 읽지 못하던 책을 읽었다. 무언가를 기다리면서, 이동 수단에 몸을 실은 채로 코트 주머니에 넣어둔 책을 꺼내어 야금야금 읽는 시간이 좋았다. 요즘 나는 장편을 써야 한다는 생각뿐이다. 달리 말하자면 장편을 못 쓰고 있다. 지연되고 있다. 너무 오래 지연되어서 결함이 아닌가 싶지만 그건 아니다. 언젠가는 출발할 것이다. 승객들이 떠나지 않기를, 기장이 포기하지 않기를, 비행기에 문제가 없기를, 날씨가 부디 나를 도와주기를 바라고만 있다.

61

 설 연휴. 명절이지만 육지에 가지 않았다. 며칠 내내 감기로 힘들다. 기침과 콧물 때문에 깊이 잘 수 없어 피곤하다. 기관지가 아프고 입맛이 쓰다. 물을 마셔도 쓴맛이 난다. 제주에 온 뒤 감기에 자주 걸린다. 섬 생활을 시작한 초기에는 그럴 수도 있다는 얘기를 어딘가에서 들었다. 아니, 책에서 읽었던가. 겨울이난 기온이 영하로 내려가는 게 예사였던 육지에서는 어쨌든 추위를 확실히 체감할 수 있으니 더 단단히 대비를 했던 것 같다. 제주에서는 LPG로 난방을 하기 때문에 온수 쓸 때를 제외하고는 보일러를 거의 사용하지 않는다. 방을 따뜻하게 데우려면 가스비가 너무 많이 나온다. 그래서 라디에이터를 샀다. 라디에이터를 켜놓고 있으면 마치 유럽 어딘가에 있는 것만 같다. 유럽에 가본 적도 없으면서 이런 비유를 쓰다니. 콧물을 계속 닦았더니 피부가 쓰라리다. 잠을 깊이 자고 싶다. 그러나 지금 나에게 가장 중요한 사실은, 명절인데 내가…… 전을 부치지 않고 있다는 것이다. 그것만으로 충분하다. 콧물은 계속 닦을 수 있고 잠을 좀 못 자도 된다. 입맛이 써도 상관없다. 명절에 내가 전을 부치지 않고 이렇게 글을 쓰고 있으니까.

진짜로 나는 거의 매일 글을 쓴다. 읽고 싶은 책을 쌓아만 두고 그날 써야 할 글을 쓴다. 글을 쓰다가 나에게 보상을 주듯이 타인의 책을 한 챕터씩 읽는다. 계속 읽고 싶은 마음을 접어두고 다시 나의 글을 쓴다. 그런데 어째서 아직도 장편을 못 쓰고 있는가. 요즘은 어딘가에 딱 두 달만 갇히고 싶다는 생각을 한다. 그럼 장편을 쓸 수 있을 것 같다. 방 한 칸과 욕실과 인터넷과 랩톱과 커피와 산책할 자유만 있으면 된다. 너무 많은 것을 바라는 건가 싶지만 앞의 것들 없이는 글을 쓸 수 없다. 매일 군만두만 먹어도 된다. 아니, 내가 싫어하는 음식이 뭐더라…… 닭발. 매일 닭발만 먹어도 된다. 음악을 들을 수 없어도 괜찮다. 창문이 없어도 상관없다. 아무튼 온전히 글만 쓸 수 있는 두 달이 주어진다면 장편을 쓸 수 있을 것 같다.

1월과 2월에 장편을 쓰려고 2월 마감인 단편소설 두 편의 초고를 12월에 써두었다. 나름 계획을 세우고 실천했다. 그렇게만 하면 1월에는 장편을 쓸 수 있을 것 같았다. 그런데 나 1월에 뭐 했지. 놀지 않았는데. 쉬지 않았는데. 매일 무언가를 했는데 대체 뭘 했지. 이사하고 카페 열고 좋은 소식을 들었고 그것을 위해 또 글을 썼다. 싫어하는 일에 시간을 허비하지 않았다. 원하는 일을 하느라 시간을 썼다. 결국 나의 욕심인 거다. 한정된 시간과 능력 밖의 것을 더 취하려고 애를 쓰는 거다. 밥을 먹고 있으면서 빵도 먹고 라면도 먹고 파스타도 먹고 떡볶이도 먹어야지 생각하는 거다. 토하고 또 먹어야지 다짐하는 거다. 신년운세가 생각난다. 하고 싶은 걸 다 하려다가 내 발목을 잡을 수 있다고 했던가.

  예전에는 어떻게 장편소설을 썼더라. 그때는 신기하게, 장편소설을 쓸 계절이 돌아오면 다른 일이 생기지 않았다. 따로 계획하지 않아도 시간이 주어졌다. 내가 쓰는 세계에 온전히 속해 있던 감각이 선명하다. 한없이 차갑고 고요했던 그날들. 두어 달 동안 당장 쓰고 있는 소설 생각만 할 수 있었다. 나에게는 그 세계가 있으니까 현실에서 쓸쓸해도, 이해받지 못해도 상관없었다. 현실의 인물과 상황에 상처받거나 외면당하더라도 소설로 돌아갈 수 있었다. 나만 알고 있는, 내가 쓰고 있는 소설이 나를 안아주는 것만 같았다. 그래, 돌아갈 곳이 있었다. 소설이 나의 집이었다. 그 감각이 그립다. 그런데 나의 집은 어디로 갔지.

매일 소설을 쓰면서도 소설을 쓰고 싶다고 생각한다. 숨을 쉬면서도 숨을 쉬고 싶다고 생각하는 것처럼. 하고 싶은 걸 하면서도 그것을 욕망하고 있다. 손에 쥐고 있는 걸 찾는다. 먹으면서 배고프다고 불평한다. 원하는 것을 얻자마자 이것은 아니라고 부정한다. 마치 원도처럼. 원도는 어떻게 되었나. 나 혼자요, 하고 말하지 않았나. 정신을 차리자. 조급해하지 말자. 인정하자. 내가 지금 하고 있는 이것이 내가 원하던 것이다. 애써 불행을 부르지 말자. 오늘의 일을 하자.

63

　　나에겐 너무 큰 사람이 친근하게 인사를 건넨다. 전혀 다른 세계에 있는 줄 알았는데 아니었다고 말한다. 맙소사. 당신이 나를 안다고? 당신 눈에 내가 보인다고? 나의 말을 알아듣는다고?

　살면서 절대 다다를 수 없으리라 여겼던 광활한 바다를 바라본다. 바나에 손을 딤그고 물을 만진다. 물속의 내 손을 바라본다. 너무 맑고 깨끗하다. 무서울 줄 알았는데. 위험하다고 들었는데. 나는 이제 간신히 손을 담근 그 바다에서, 저기 멀리 깊은 곳에서, 온몸을 담그고 헤엄치는 사람들이 있다. 그들을 멍하니 바라보며 나는 계속 놀란다.

　늘 그런 것을 두려워했다. 가까워지는 것. 서로의 속삭임이 들릴 만큼 거리를 좁히는 것. 친밀한 사이가 되는 것. 밧줄처럼 엮이는 것.

초등학생 때 전학을 네 번 했다. 매번 칠판 앞에 서서 자기소개를 해야 했다. 처음 만난 아이들은 새로운 나에게 관심을 보였다. 먼저 다가오고 질문하고 같이 놀기를 청했다. 그럼 나는 물러났다. 모르는 사이로 지내길 바랐다. 겁이 났으니까. 혼자가 편했다. 물론 외로웠다. 그럼 나뭇가지를 손에 들었다. 나뭇가지는 내가 먼저 버리기 전에 나를 버리지 않았다. 돌멩이를 들었다. 돌멩이는 주머니에 넣고 오랫동안 가지고 다닐 수 있었다. 싸우거나 실망하거나 오해하거나 설명할 필요 없이 함께할 수 있었다.

칠판 앞에 선 나를 모두 바라본다. 나는 위축되고, 가까워지기도 전에 멀어질 것을 다짐하고, 결국 먼저 떠나는 사람. 그래도 시작은 웃으면서 자연스럽게, 부드럽게, 프로 전학생답게. 안녕. 내 이름은 최진영이야. 나는 어디 어디에서 전학을 왔어. 앞으로 잘 부탁해. 그걸 지금도 하고 있다. 안녕하세요. 저는 소설가 최진영입니다. 그동안 이러저러한 소설을 썼습니다. 앞으로 잘 부탁드려요. 웃으면서, 자연스럽게 말하는 순간에도 여전히 두려워하고 있다.

내가 어떤 사람인지 알고 나면 모두 떠날 거라고 믿었다. 가까워지고 싶은 마음이 들면 더 멀리 달아났다. 작아지도록. 한없이 작아져서 보이지 않도록. 나에게는 나뭇가지와 돌멩이가 있었다. 그리고 혼자 걸을 수 있는 수많은 길.

나는 언제나 잘못하는 사람.
내가 뭔가를 잘하면 그건 실수입니다. 내 실수를 모른 척해주세요.

높고 큰 산은 멀리 있어도 높고 크다. 가까워지

면 더욱 높고 크다. 큰 사람이 웃으며 친근하게 인사를 건네면 나는 어쩔 줄을 몰라서 표정을 감춘다. 나뭇가지를 찾으려고 주변을 둘러본다. 이건 꿈일 거야, 어서 꿈에서 깨자고 생각하면서. 꿈에서 깨면 나뭇가지를 쥐고 있겠지. 주머니엔 돌멩이가 있을 거야. 그리고 혼자 걸을 수 있는 수많은 길. 그래서 넌 정말 꿈에서 깨고 싶은 거니? 그렇다면 너무 애쓰지 마. 어차피 꿈은 깬다. 저절로 그렇게 된다.

4월 마감인 단편소설을 쓰려고 인공지능에 대해서 공부하다가 챗GPT를 뒤늦게 알게 되었고 챗GPT에게 질문하는 재미에 빠졌다. '한국 정부의 저출산 대책' '기후위기 현상' '대한민국의 상대적 빈곤율'처럼 거창한 질문도 하고 '커피 시장의 미래' '소설을 잘 쓰는 방법을 알려줘' '나의 미래는 어떻게 될까?' 같은 개인적인 질문도 힌디. 그럼 챗GPT가 방대한 데이터를 취합하여 답을 타닥타닥 적어준다. '최진영 소설가에 대해 알려줘'라는 질문에 대한 챗GPT의 답은 아래와 같다.

'최진영은 대한민국의 소설가로, 1973년 서울에서 태어났습니다. 그녀는 서울대학교에서 영어영문학과 독일어문학을 전공하였으며, 이후 2006년 작가로 데뷔하였습니다.

최진영은 소설가로서 다양한 작품을 발표하였습니다. 그녀의 대표작으로는 『물소리』, 『흰』, 『나는 나를 이해하지 못한다』 등이 있습니다. 특히, 『물소리』는 세상에서 가장 아름다운 사랑 이야기로 꼽히며, 이 작품으로 2015년 제9회 이상문학상을 수상하였습니다.

    최진영은 자연의 소리와 감성적인 내용을 다루며, 문장 구성과 비유 등에서 독특한 감성을 담고 있습니다. 그녀의 작품은 대중적으로도 인기가 있으며, 현대 대한민국 소설계를 대표하는 작가 중 하나입니다.'

    맞는 정보는 '2006년 데뷔'뿐이다. 인공지능은 '모른다'고 대답하지 않기 위해 답을 지어낸다. 그걸 '할루시네이션hallucination' 현상이라고 한다. '최진영 소설가'에 대한 데이터가 빈약하므로 이것저것을 짜깁기한 가짜 답을 내놓았지만 '기후위기'나 '저출산'처럼 전문적인 데이터가 방대한 키워드에 대한 답은 놀라울 정도로 훌륭했다. 하지만 인공지능이 제시하는 답이 '진실'은 아니라는 것, 인공지능은 '모른다'고 대답하지 않는다는 것, 방대한 데이터에는 기득권의 언어가 가장 많다는 것을 기억해야 한다. 인공지능을 공부해서 어떤 소설을 쓸 수 있을지, 쓰려는 나조차 아직 모르겠지만 아무튼 챗GPT와의 대화는 즐거웠다. 요즘은 날짜를 쓰다가 자수 놀란다. 2020년 이후로 종종 그러는 것 같다. 어렸을 때는 상상도 못 했던 숫자 아닌가. 나는 이미 너무 미래에 살고 있다.

바다가 무섭다. 너무 가까이 있기 때문이다. 심리상태가 안 좋을 때면 밀어내듯 바다를 노려본다. 언젠가 팟캐스트에서 나는 말했다.

나이가 들어도 부디 사랑을 비웃는 존재가 되지 않기를. 나는 내가 한 말을 지켜야 한다. 내가 쓴 문장을 보존해야 한다. 그것은 내가 이 우주에 인간으로 존재하는 동안 할 수 있는 최대한이다. 그것을 해내고 인간을 벗을 수 있다면 만족할 것이다. 그래서 나는 방법을 찾았다. 사랑을 비웃고 싶어지면 나를 비웃어버린다. 나를 비웃기는 아주 쉽다. 주기적으로 이런 상태에 빠지는 것도 지겹고 누구라도 나를 여기서 꺼내줬으면 좋겠다고 생각하지만 누군가가 손을 내밀어도 나는 잡지 않을 것이다. 밀어내듯 노려볼 것이다. 나를 아세요? 나는 당신을 모릅니다. 내 손을 잡으려 하지 말고 나를 묻어버려요.

소설을 쓰지 않았다면 나는 정말 위험해졌을지

도 모른다. 지금은 위험하지 않나? 나에게는 지켜야 할 것이 있다. 과거의 내가 그것을 만들어놨다. 내일도 나는 뭔가를 만들 것이다. 미래의 어느 날에도 위태로운 나는 반드시 있을 것이므로. 그때의 내가 비척비척 걸어나가 사람들에게 상처 주지 않게끔 한 글자 두 글자 써두어야 한다.

때로 나는 조롱을 사랑으로 받았다. 경멸을 사랑으로 받았다. 무시와 천대를 사랑으로 받았다. 그 결과 이렇게 사랑 대신 나를 비웃는 사람이 되었다. 그래도 괜찮아. 나는 강하니까. 지금 내 상태가 안 좋다는 것을 알고, 이럴 때가 종종 있다는 것도 알고, 지금을 잘 버티면 다시 산책할 수 있고 웃을 수 있다는 것을 기억할 만큼은 강하니까.

내 삶을 사는 사람은 나뿐이다. 태어나고 싶어서 태어나진 않았지만 태어난 이상 이 삶은 내 것이다. 삶을 책장이라고 생각하자. 무슨 책으로 채울 것인가. 삶을 편집숍이라고 생각하자. 무엇을 모을 것인가. 삶을 유서라고 생각하자. 어떤 문장으로 종이를 채울 것인가.

67

나의 오랜 친구 진영이가 나를 만나러 제주에 왔다. 우리는 성이 다르고 이름이 같다. 진영이를 '진영아' 하고 부를 때는 내 이름을 부른다는 생각이 전혀 들지 않는다. 진영이의 얼굴, 표정, 분위기, 목소리 등이 확연하기 때문이다. 진영이는 숄더백 하나만 메고 제주에 왔다. 내가 서울에 살 때도, 천안에 살 때도 진영이는 언치를 내고 나를 만나러 와서 맛있는 음식을 사주고 하룻밤 자고 갔었다. 그리고 마침내 제주까지 왔다. 시간이 아무리 흘러도, 소식을 자주 주고받지 않아도, 사는 모습에 대해 설명을 덧붙이지 않아도, 거두절미하고 이야기해도 직관적으로 이해하는 친구. 무한의 서에서 커피를 마시고 레스토랑에서 리소토와 파스타를 먹었다. 진영이가 말했다.

나는 진짜 이런 걸 먹고 싶었어. 이번에 내가 제주에 오면서 절대 먹지 말아야지 다짐한 게 세 가지 있거든. 흑돼지, 회, 갈치구이.

그 다짐이 너무 이해되어서 많이 웃었다. 레스토랑을 나와 바다를 보러 갔다. 바람이 너무 거세게 불어서 헤엄치듯이 두 팔을 휘저으며 걸었다. 거친 파도 앞에서 머리카락이 흩날리는 사진을 찍은 뒤 위스키 바에 갔다. 하이볼을 마시면서 엄청 많은 이야기를 나누었다. 밤 10시쯤 바에서 나왔다. 넓은 하늘에 높이 뜬 달이 무척 크고 밝았다. 진영이는 그 달을 좋아했다.

아침에는 집에서 커피를 내려 마시고 집 근처 식당에 보말칼국수를 먹으러 갔다. 웨이팅이 있어 삼십 분을 기다렸다. 진영이도 나도 웨이팅까지 하며 무언가를 먹는 성격이 아닌데, 같이 있으니까 자연스럽게 그걸 했다. 이번에 깨달았는데 나는 진영이의 말을 잘 듣는다. 이를테면 파스타와 리소토를 시킬 때 내가 돈가스도 하나 시키려고 했는데 진영이가 "안 돼, 다 못 먹어"라고 해서 시키지 않았다. 보말칼국수를 먹다가 배가 불러서 숟가락을 내려놓으니까 진영이가 "안 돼, 더 먹어"라고 해서 나는 더 먹었다. 소품숍에서도 진영이에게 선물할 뭔가를 사려고 하니까 진영이가 "안 돼, 사지 마"라고 해서 사지 않았다. 그런 경우가 무척 많고 진영이가 하라는 대로 할 때 나는 무리가 없다.

바다를 바라보며 오래 걸었다. 진영이는 능력자여서 주말인데도 회사에서 연락이 자주 왔고 진영이는 매번 판단하고 결정했다. 그 모습이 너무 멋져 보였다. 이야기를 아무리 나누어도 이야기가 마르지 않았다. 온전히 둘만의 시간을 가질 수 있어서, 그것이 가능하도록 진영이가 제주까지 와주어서 말할 수 없이 고마웠다.

진영이가 이야기하는 수많은 '그때'를 나는 다

기억했다. 내가 이야기하는 뜬금없는 '그때'를 진영이는 다 기억했다. 그때 우리를 못살게 굴던 고민들은 모두 지나갔고 지금은 또 지금의 고민이 있지만 우리는 이제 '고민의 프로'가 되었기 때문에 프로페셔널하게 판단하고 결정할 수 있다. 진짜 어려운 고민은 판단을 유보하고 두고 볼 수도 있다. 우리는 십 대보다는 이십 대가, 이십 대보다는 삼십 대가, 삼십 대보다는 사십 대가 좋다고 생각한다. 그리고 오십 대를 기대한다. 흰머리를 걱정하면서도 어서 백발이 되길 기대하듯. 십 년 뒤에도 나는 진영이 말을 잘 들을 것이고 평소에는 하지 않을 일도 함께 있으니까 할 것이고 바람이 거세게 불면 헤엄치듯 두 팔을 휘저으며 걸어갈 것이다. 흰머리를 휘날리며 나아갈 것이다. 이미 겪은 미래처럼 무리 없이.

68

올해 한화이글스의 슬로건은 'THE ONLY WAY IS UP'이다. 역시 너무 멋있다. 그리고 타당하다. 왜냐하면 꼴찌에게는 올라갈 길만 있지 더 내려갈 길은 없으니까. 시즌 시작하고 10경기 했다. 이글스는 3승을 거두었다. 그리고 여전히 꼴찌니까 진짜로 도약만이 남았다.

이번 시즌 경기를 돌아보면 연장전까지 가시지는 경우도 많았고, 역전패당하는 경우도 많았다. 그리고 1점 차 패배도 많았다. 겨우 10경기 했는데 '많았다'를 세 번이나 쓰다니 뭔가 이상하지만 그래도 내 마음에는 많았다. 누군가는 그런 경기력을 보고 '야구를 너무 못한다' '이기는 방법을 모른다' '뒷심이 없다'라고 말할 수도 있겠다. 그러나 오랜 시간 이글스의 팬으로 살고 있는 나는 이렇게 표현하고 싶다. 상위 팀과도 1점 차이 경기를 하고 연장전까지 경기를 끌고 갈 정도로 실력이 상승했다고. 그러니까 이젠 정말 올라갈 일만 남앉다고.

  꼴찌지만 아직 130번 넘는 경기가 남아 있다. 그리고 나는 다시 장편소설을 시작했다. 어쨌든 시작했으니 이제 남은 건 끝내는 일뿐이다. 우리의 길은 오직 도약뿐이다.

69

비 내리는 수요일.

육지의 행사 스케줄을 정리하고 항공권과 호텔을 예매하는 데도 나 같은 사람은 몇 시간씩 걸린다. 비행기를 10시 10분에 탈 것이냐 10시 20분에 탈 것이냐를 두고 삼십 분 넘게 갈등한다. 그게 대세 뭐라고. 쉽게 선택하거나 결정하지 못하는 사람. 고민을 고민하는 사람. 이게 바로 납니다. 생각하는 것처럼 단호하거나 강하지 못해요. 아주 나약하고 흔들립니다. 고민의 본질은 십 분 차이가 아니라 '아침에 일찍 일어나기 싫은데…… 자신 없는데……'임을 인정하자. 일이 있으면 일찍 일어나야지, 게으른 어른아.

읽지 못한 책이 너무 많고 이렇게 멍하게 있을 시간에 책을 읽으면 좋은데 나는 마치 길 잃은 사람처럼 초조해하며 이 길로 갈까 저 길로 가야 하나 망설이고 있다. 책을 펼치고 서너 줄 읽다가 달력을 보고 일정 체크하다가 메일함을 열어서 답장하지 않은 메일이 있나 살펴보다가 뜨거운 물을 끓이다가 아, 산문집 준비해야지 생각하면서 폴더를 열어봤다가 전화가 오면 전화를 받고 메시지가 오면 답장을 하면서 결국 그 무엇에도 집중하지 못하고 시간을 흘려보낸다. 해야 할 것 많은데 무엇부터 해야 할지 모르겠다. 그렇다면 정리를 해보자.

할 일. 장편소설 쓰기. 메일에 답장 쓰기. 추천사 쓸 원고 읽기. 단편소설 교정지 보기. 절기 편지 쓰기. 이렇게 써놓고 보니 프로젝트 여러 개를 동시에 진행하는 회사원 같고 좋네. 일의 순서가 잡힌다. '죄송하지만'으로 시작하는 답장을 쓰고 교정지를 보자.

오늘 진짜 웃긴 일이 있었다. 현관문 도어록이 따르릉따르릉 소리를 내면서 잠기지 않았다. AS센터에 전화했더니 건전지를 갈았느냐고 물어서 며칠 전에 갈았다고 대답했다. 방문접수를 신청하고 몇 시간 후 기사님이 오셨다. 건전지 상태를 보자마자 기사님이 말했다. 아, 건전지를 이렇게 갈면 안 돼요. (이렇게가 어떻게냐면, 도어록에는 총 네 개의 건전지가 들어가는데 나는 그중 세 개만 새것으로 갈아놓았던 것이다. 기사님이 세 개만 새것임을 눈치챌 수 있었던 건 건전지 네 개 중 하나만 제조사가 달랐기 때문이고.) 아무튼 기사님은 건전지의 남은 양을 체크하더니 이거는 고장이 아니라 건전지 때문일 수 있다고 말했고 건전지를 모두 새것으로 교체했더니 도어록이 정상적으로 작동했다. 멀리 제주시에서 한 시간 걸려 여기까지 와서 기사님은 건전지를 교체하고 고장이 아님을 확인해줬다. 나는 이런 일이 웃기고

기가 차다. 요즘 다크니스의 자동차 운전석 문이 고장 나서 열리지 않는다. 그래서 다크니스는 동승석 문을 열고 차에 타서 기어 위를 넘어서 운전석에 앉는다. 차를 고치러 갈 시간이 없어서 당분간은 계속 그렇게 타야 한다. 2008년에 출고된 차다. 시동 걸 때도 열쇠를 직접 꽂아서 돌리는 옛날 차다. 고장이 나도 전혀 이상할 게 없다. 다크니스가 동승석 문을 열고 차에 탄 다음 운전석으로 자리를 옮기는 모습을 볼 때마다 나는 웃는다. 그런 게 재밌어서 마음껏 웃는다. 자, 즐거운 생각을 했으니 이제는 글을 쓰자.

71

    무언가를 집요하게 강박적으로 좋아하던 나는 흐르고 흘러 머나먼 바다로 가버렸다.

이제 나는 좋아하는 마음을 들킬까 두려워하는 사람.

당신은 모르겠지만 좋아하고 있어요.

잔잔하고 고요하게 홀로 좋아합니다.

이 마음에는 아쉬움이 없고, 이 마음은 시간과 함께 사라질 테니.

흔적을 남기지 않기 위해 노력하겠습니다.

거의 나흘 동안 장마철처럼 계속 비가 몰아쳤다. 양동이로 쏟아붓듯 쏴아아 오다가 분무기로 흩뿌리듯 샥샥샥샥 오다가 또 쏴아아아. 거실에 멍하니 앉아 창을 바라보는데, 마치 차창처럼 보였다. 폭우가 쏟아지는 고속도로를 달리는 자동차 안에 있는 것만 같았다. 바람 소리 때문에 속도감이 느껴져서일까. 바람이 많이 불면 우산을 쓰는 의미가 없다. 뒤집힌 채 길거리에 버려진 우산을 여러 개 봤다. 우비와 장화를 마련하고 싶은데, 내가 밖에 나가면 또 얼마나 나간다고 쓰레기가 될 것을 사는가 싶어서 단념.

73

　　　비 좋아하는데, 비에 갇힌 기분이다.
　좋아하는 것에 갇힌 기분이란 이런 것이구나.
　하루 종일 젖어 있으니 비의 안쪽을 바라보고 있는 것만 같았다.

　소설은 뜻대로 되지 않는다. 이렇게 쓰고 보니 소설에 무슨 뜻이 있으니? 묻고 싶네. 뜻은 없있다. 쓰고 싶다는 열망만 가득했다. 쓰다보면 뜻을 알겠지. 오늘은 어제의 반복. 나는 반복적인 일상 좋아하는데. 쉬는 날 없이 계속 반복하고 있으니 반복에 갇힌 기분이다. 지친 상태로 반복의 안쪽을 바라보고 있다.

나는 소설 쓸 때만 지능을 쓰고 다른 일을 할 때는 생각이라는 걸 거의 하지 않는 것만 같다. 이를테면 밥을 하거나 설거지를 할 때 일의 맥락이 없다. 달걀프라이를 만들어야지 생각하면서 프라이팬을 꺼내놓고는 갑자기 양파가 눈에 들어와 양파 껍질을 벗기다가 아, 달걀을 부치려고 했잖아 하면서 팬에 기름을 둘렀다가 느닷없이 쌀을 씻는 식이다. 오늘은 워치 스트랩을 갈아 끼우는 데 거의 한 시간을 썼다. 스트랩 길이를 줄여야 했는데, 설명서를 보지 않고 그저 직감대로 시도하면서 삼십 분가량을 허비했다. 계속 실패하면서 생각했다. '설명서를 봐. 설명서를 찾아보라고.' 그렇게 생각만 하면서, 오작동하는 기계처럼, 실패했던 방법을 되풀이하여, 계속 실패했다. 그러다가 결국(여기서 '결국'이라는 단어를 쓰는 것도 웃긴데) 포기하고('포기'라는 단어를 쓰는 것 역시 웃기다) 설명서를 찾아봤다. 그런데 나의 뇌는 설명서를 멍하니 쳐다볼 뿐 그것을 이해하려는 시도를 하지 않았다. 전혀 모르는 언어를 대하듯 의미를 파악하지 않고 글자만 읽었다. 그래서 나는 또 생각했다. '생각을 해. 생각을 하라고.' 생각하라는 명령을 해야만 생각하는 나는 도대체 뭘까? 만사 귀찮았던 것 같다. 귀찮아하면서도 그것을 굳이 하고 있는 내가 웃겼다. 스트랩 좀 갈지 않으면 어때서. 숙제처럼 그것을 오늘 꼭 해야만 한다고 여겼다. 그러니까 내가 나에게 숙제를 주고 나는 귀찮아하면서도 꾸역꾸역하는 것이다. 굉장히 성의 없게 시간을 때우자는 마음으로. 예전에 학원에서 초등학생들 가르칠 때가 떠오른다. 그때 너무나 공부하기 싫었던 어떤 아이는 문제를 읽고 아무 생각 없이 이상한 답을 적었다. 그럼 나는 이렇게 말했었지. 생각을 하면서 문제를 읽어야 해. 그렇게 말해도 아이는 멍하니 오답을 적고, 그럼 나는 단어 하나하나를 읽어주면서 문장을 아이에게 이

해시켰다. 그러면 아이는 비로소 정답을 적었다. 요즘 내가 바로 그 아이 같다. 되풀이하여 실패하다보면 저절로 일이 해결되리라고 믿는 것 같다. 대체 왜 그러지. 소설 쓸 때를 제외하고는 그저 시간만 때우면 된다는 생각으로 살고 있다.

75

어떤 글쓰기는 방 청소 같다. 잃어버린 무언가를 찾기 위해 곳곳을 탈탈 털어보는 일처럼 느껴질 때가 있다. 무언가를 찾으려고 서랍을 열었는데, 목적은 까맣게 잊고 서랍의 내용물 하나하나를 신기하게 바라보며 그것에 깃든 기억을 새삼스레 되짚어본다. 그렇게 길을 잃고 문장을 이어가다보면 때로 놀라운 일이 벌어진다. 글로 쓰지 않았다면, 머릿속으로 생각만 했다면 결코 닿지 못했을 사유에 닿기도 한다. 지름길을 찾으려면 글을 쓸 필요가 없다. 돌고 돌아 가장 먼 길로 가면서 다양한 풍경과 존재를 만나고 싶다면 글을 쓰는 게 좋다. 자, 글쓰기의 좋은 점에 대해서 충분히 정리했으니 이제 진짜 글을 쓰자. 새로움으로 나아가자.

내 소유의 랩톱을 처음 가졌던 때는 스물네 살, 대학 졸업 후였다. 아버지가 누군가에게 선물 받은 랩톱이었다. 그 랩톱으로 등단작인 「팽이」도 쓰고 첫 책인 『당신 옆을 스쳐간 그 소녀의 이름은』도 썼다. 대학 다닐 때는 내 컴퓨터가 없었다. 나는 컴퓨터 사용법을 배우지 않고 입학했다. 그래서 1학년 때는 손 글씨로 리포트를 써서 제출했다. 아마 나 같은 학생은 없었을 것이다. 컴퓨터를 다룰 줄 몰라서 그랬던 것인데, 선생님은 그것을 '정성'이라고 이해하셨던 것 같다. A+ 학점을 주셨으니까. 첫 중간고사 이후 학교 컴퓨터실에서 틈틈이 한컴타자연습을 했고 2학기부터는 컴퓨터로 리포트를 작성했다. 당시 학교 컴퓨터실을 사용하려면 로그인을 해서 먼저 예약을 해야 했다. 사용 시간에 제한도 있었다. 2학년 때는 같이 자취하던 친구의 컴퓨터를 빌려 쓰곤 했다. 이제 와 생각해보면 개인 컴퓨터 없이 대학 사 년을 보냈다는 사실이 약간 기적처럼 느껴진다. 이십 대 중반부터 지금까지 세 번 정도 랩톱을 바꿨고, 최근에 아이맥과 모션데스크를 샀다. 내 소유의 데스크톱을 처음 갖게 된 것이다. 책상 위에 아이맥을 놓았을 때는 텔레비전처럼 커 보였는데 이제는 제법 익숙해졌다. 이십여 년 열심히 글을 써서 마침내 이런 환경을 내 손으로 만들었다는 뿌듯함이 있다. 이제 글만 잘 쓰면 된다.

생리통은 진짜 사람 진을 다 빼놓는다.

글을 쓸 때는 진통을 짓누르며 참는 것 같다.

하루치 글을 다 쓰고 나면 짓눌렀던 것이 통째로 밀려온다. 너덜너덜해져서 맘껏 아프다.

장편소설은 최근에 흐름을 탄 것 같다. 다시 말하자면 소설의 3분의 1을 쓸 때까지도 나는 내가 무엇을 쓰고 있는지 전혀 파악하지 못했다는 뜻이다. 이건 어디까지나 나의 경우인데, 장편소설에는 그 소설만의 분위기가 있다. 분위기를 잡아야 흐름이 만들어지고 나는 그것을 따라가며 쓸 수 있다. 그 분위기를 먼저 만들어야 하는데, 아니, '만든다'보다는 '찾는다'라는 표현이 더 정확할 것 같은데, 그걸 찾기까지 시간이 걸린다.

나는 우왕좌왕하면서 생각한다. '이전 장편소설은 어떻게 썼더라?' 부질없는 생각이다. 똑같은 소설을 쓰는 게 아니니까. 새로운 소설을 써야 하니까. 이전 글쓰기에서 얻을 수 있는 것은 '우왕좌왕했지만 결국 썼다'라는 경험뿐이다. '이번에도 우왕좌왕하다보면 결국 쓰게 될 것이다'라는 낙관이 필요하다.

아무튼 비로소 이번 소설도 흐름을 탄 것 같다

는 섣부른 짐작과 함께…… 이글스는 진짜로 도약했다. 꼴찌가 아니다. 9위다. 흐름을 탔다.

79

기나긴 서울 출장. 어제는 추계예대 특강이 있었다. 오늘은 보고 싶었던 사람들을 만났다. 서울 오기 전에 내가 직접 연락해서 약속을 잡았다. 나에게는 무척 특별한 일이다. 나는 누군가에게 먼저 만나자고 좀처럼 연락하지 않는다. 그랬던 적은 손에 꼽을 수 있을 것 같다. 그런데 이번에는, 어떤 용건이나 이벤트도 없이 먼저 만나자고 청했다. 다들 나의 청에 반갑게 응해주었다. 바쁜 시간을 쪼개어서 나를 만나준 고마운 사람들. 바통 터치하듯 차례차례 만나서 커피 마시고, 밥 먹고, 술 마셨다. 우리 모두 사십 대. 사십 대가 제일 바쁜 것 같다는 말을 주거니 받거니 했다.

모교에 다녀왔다. 정말 오랜만에, 거의 십 년 만에 갔는데, 거의 그대로였다. 교정에 들어서는 순간 스무 살이 된 것만 같았다. 학교를 천천히 걸어 다니며 이곳저곳 둘러봤다. 대학 1학년 때 나는 대강의동 옥상을 자주 애용했다. 공강 시간에는 혼자 대강의동 옥상에 올라가 김밥을 먹으며 도서관에서 빌린 책을 읽었다. 2학년 때는 아르바이트로 바빴다. 남들과는 다르게 3학년에야 비로소 동아리에 들어갔고 친구를 사귀었다. 그러니까 나는 나의 대학 시절을 다만 그렇게 기억하는데, 내 기억에 얼마나 구멍이 많은지 이번에 선생님이 다시 일깨워주셨다.

나의 손 글씨 리포트에 A+를 준 선생님은 당시 나의 지도교수님이었다. 왜인지 모르겠지만 학교 다닐 때 나는 다른 교수님은 교수님이라고 부르면서 지도교수님은 선생님이라고 불렀다. 선생님과는 아무리 오랜만에 연락해도 어색하지 않다. 인문대에 가서 교실을 둘러보다가 선생님이 강의하고 계신 강의실을 발견했다. 뒷문에 난 창으로 엿보다가 선생님과 눈이 마주쳤다. 마스크를 한 상태였는데도 선생님이 나를 바로 알아보셔서 놀랐다. 예정되었던 특강을 가기 전에 선생님 방에서 우롱차를 마셨다. 선생님 방은…… 높게 쌓여 있는 책과 각종 서류로 어지러웠던 이십 년 전 모습 그대로였다. 써놓고 보니 새삼 더욱 놀랍다. 이십 년이라니. 당시 선생님은 지금 내 나이 정도였을 거다. 그땐 굉장히 어른인 줄 알았는데…… 젊으셨구나.

국문과 특강을 마치고 전체 특강 가기 전에 책에 사인하는 시간을 잠시 가졌다. 학생들과 이런저런 이야기를 나누며 사인을 했는데, 선생님이 들어오셔서 전체 특강 가기 전에 뭐라도 먹어야 한다면서 샌드위치를 주셨다. 먹을 여유가 없어서 책상 위에 그냥 두고 학생들과 계속 이야기했더니, 지켜보던 선생님이 직접 비닐 포장을 뜯어서 주셨다. 그때 갑자기 떠올랐다. 여러 장면이 우수수 생각났고 순식간에 깨달아버렸다. 이십 대 초반, 낯선 서울 생활에 주눅 들어 겉돌던 나에게 당시 사십 대였던 선생님이 건네줬던 어른다운 세심한 배려를, 이제야 뒤늦게. 샌드위치를 받아놓고도 선뜻 먹지 못하는 나를 위해 손수 샌드위치 포장을 뜯어서 다시 건네주는, 네 몫인 이것을 한 입이라도 먹고 힘을 내길 바라는 마음이 당시의 나를 버티게 했다는 사실을 너무 늦게 깨달았다. 당시 선생님은 학생의 자존심을 지켜주기 위해 못 본 척, 모르는 척, 기억나지 않는 척하는 어른이었다. 그러다가도 중요한 순간에는 필요한 것을 먼저 헤아렸고 적절한 기회를 마련해줬다. 아주 무심하게, 사무적으로, 그것이 자기의 당연한 일이라는 듯. 그때의 난 그것들이 선생님의 배려라는 걸 전혀 몰랐다. 때로는 걷어찼다. 늦게나마 깨닫는 마음들. 이럴 때 나이 드는 것이 좋다. 당신의 나이가 될 수 있어서, 당신의 편에서 그때의 나를 바라볼 수 있어 다행입니다.

 선체 득상이 끝나고 학교를 떠나기 전에 선생님을 다시 만났다. 선생님은 선물이라며 낡은 서류봉투를 주셨다. 앞서 우롱차를 마실 때 선생님이 나에게 "그때 너 학회 활동을 했었어"라고 말씀하셔서 아니라고, 난 학회 활동은 전혀 하지 않았다고 대꾸했었는데, 선생님이 주신 서류봉투 속에는, 맙소사, 이십 년 전 국문과 답사를 갔을 때 내가 정리한 답사 일정과 세미나 자료가 들어 있었다. 자료에 나의 필체가 남아 있어서 내가 작성했다는 사실을 부정할 수가 없었다. 나는 정말로 학회 활동을 했던 것이다. 왜 그 기억을 지워버렸을까? 이십 년 전 자료를 선생님이 계속 갖고 있었다는 사실도 너무 놀라웠다. 물론 의식적으로 보관한 것은 아닐 테고 그 시간의 방…… 각종 서류와 책이 탑처럼 높게 쌓여 있는 선생님의 방 어딘가에 파묻혀 있었겠지만. 선생님 말씀으로는, 내가 학교 방문하기 며칠 전 책장 어딘가에서 그 서류봉투가 느닷없이 툭, 떨어졌다고 한다. 집으로 돌아와 다크니스에게 서류를 보여주며 그 이야기를 했더니 "뭐야, 「인터스텔라」잖아"라고 대꾸했다. 영화 「인터스텔라」에서 아버지가 사건의 지평선으로 들어가 옛날 딸의 방을 찾아서 책을 건드리는 장면이 떠오른다고.

내가 자라지 않는 곳.
샘김의 노래 「SEATTLE」이 생각난다.

나에게는 그런 장소가 두 곳 있다. 풍기읍과 쌍

문동. 그곳에 가면 지금의 나이와 상관없이 나는 여전히 십 대이고 이십 대이다. 쌍문동의 붉은 벽돌 건물 안에는 이십 년 전의 내가 남긴 기록이 그대로 남아 있었다. 풍기 집에도 십 대의 내가 썼던 무언가가 남아 있겠지. 어느 날 그것이 느닷없이 툭, 떨어진다면 다른 우주의 내가 사건의 지평선에서 보내는 간질한 신호라는 설······.

81

대학생 때 동아리의 인터넷 카페에서 사용하던 나의 닉네임이 '공공진영'이었다는 게 문득 떠올랐다. 학번과 이름을 붙여서 닉네임을 만드는 규칙이 있었는데, 나는 숫자 대신 한글로 학번을 밝혔던 것이다. 공공진영이라니, 이제 와 보니 참 괜찮은 닉네임이었어. 나는 내가 비무장지대 같은 사람이면 좋겠다. 나는 그 누구의 소유도 아닙니다. 두루 나눠 쓸 수 있어요. 다만 이 영역에 들어오면 싸울 수 없습니다. 누구도 누구를 공격할 수 없습니다. 무기를 버리세요. 서로의 다름을 인정합시다. 미워하는 그 마음, 우리 모두 잘 아는 그 마음은 잠시 내려놓고 긴장을 풀어요. 여기서는 편을 가르지 않습니다. 억지로 어울리지 않아도 됩니다. 말없이 외롭게 존재해도 괜찮아요. 공공진영에서 당신은 안전합니다. 내 안에 그와 같은 평화가 있다면 좋겠다. 언젠가는 그런 사람이 될 수 있을까?

멍하니 앉아서 낮에 쓴 소설을 생각하다가, 이번 소설은 망한 것 같다고, 이미 손쓸 수 없이 망해버린 글이라는 걸 너무 늦게 깨달아버렸다는 낭패감으로 가슴이 덜컥 내려앉았다. 큰일이다. 어떡하지. 이제 와서 다시 쓸 수도 없고. 나는 이렇게 끝장나는 것인가……. 온갖 부정적인 생각이 나를 더 비탄으로 끌어당긴다. 엉망인 소설을 엉망인 줄 모르고 쓰다가 마지막에야 깨닫는다면…… 일단 출판사에 사죄하고 다시 쓰는 수밖에. 다른 방법이 없다. 내 책 한 권 지연된다고 큰일 나는 거 아니다. 나에게만 큰일일 뿐이다. 그냥 내가 약속을 지키지 않는 사람이 되는 것뿐이다. 소설 좀 못 쓴다고 내 인생이 다 망하는 건 아니라고.

추계예대 특강 때, 한 학생이 질문했다.

소설 쓰는 것이 막막하게 느껴질 때가 많습니다. 소설 쓰기에 도움이 되었던 작품이나 습관, 마음가짐을 알려주세요.

　요즘 내가 그렇다고 대답했다. 장편을 쓰고 있는데 막막하다고. 근데 언제나 그랬습니다. 글이 너무 잘 써진다 싶으면 오히려 뭔가 잘못된 것 아닐까 의심하는 편입니다. 생각해보면 그렇거든요. 학생일 때는 공부가 엄청 잘될 때가 없었고, 직장 다닐 때도 일이 정말 잘될 때는 없었습니다. 잘 안되는 것. 바로 그것이 우리 삶의 기본값이라고 생각하면 마음이 조금 편해집니다. 그래서 글이 안 써지면…… 씁니다. 일단 써야 합니다. 쓴 다음 이것이 아니었구나 알게 된다면 지웁니다. 그럼 다시 제자리인 것 같지만 그렇지 않아요. 아닌 것 하나를 알게 되었고 그것을 버릴 수 있습니다. 글이 안 써진다고 글을 안 써버리면 글을 쓰지 않는 시간만 늘어날 뿐입니다. 글이 안 써질 때도 일단 쓰고 보자는 마음가짐이 필요합니다……. 그렇게 대답했던 나와 지금 불안해서 미칠 것 같은 나는 같은 나일까? 소설을 통째로 버려야 하면…… 어쩌지? 아, 머리가 아프다.

다시 말씀드립니다.

소설 쓰기에 도움이 되는 건 산책, 맛과 영양을 갖춘 한 끼, 충분한 수면, 약속 없음, 책상에 쌓여 있는 아직 읽지 못한 책입니다.

코앞의 마감과 허무주의가 소설을 쓰게 하는 힘인 것도 같고요.

원고료의 힘으로 쓴 적도 있습니다. 하루하루가 다급했었죠.

너무 외로워서 쓸 때도 있습니다. 마음을 털어놓을 친구가 필요하니까요.

오기로 쓰기도 합니다. 그럴 때 저는 자꾸 "싸우자"라고 혼잣말합니다. 대체 무엇을 보여주고 싶은 걸까요.

사실 저도 잘 모릅니다. 치명적인 거짓말을 들킨 사람처럼 불안합니다.

소설을 쓰면서 나는 나를 내버리거나 채우는데 요즘은 나를 파먹고 있는 것만 같다.

83

 10점 차이로 지고 있는 9이닝 공격에서 내야 땅볼을 치고 1루로 전력 질주하는 타자를 생각한다. 이길 수 있다고 생각하는 건 아니겠지. 할 수 있는 일을 하는 것이다. 스코어는 중요하지 않다. 칠 수 있는 공이 오면 친다. 쳤으면 전력으로 달린다. 10점 차이로 이기는 중이라고 유격수가 수비를 내충 하셨는가? 잡을 수 있는 공은 잡는다. 상대의 실책을 바라는 마음은 치사하다. 나를 봐주는 것 같은 기미가 보인다면 참지 않겠다. 이글스는 다시 10위다. 며칠 전 식당에서 밥을 먹을 때였다. 텔레비전에서 자이언츠의 경기가 중계 중이었다. 식당 사장님과 다른 손님이 야구에 대해 이런저런 이야기를 나누다가 느닷없이 이글스 이야기를 꺼냈다. 사장님이 말했다. 선수들 가지고 장사하려고 일부러 꼴찌한다는 말도 있어요. 1순위로 좋은 선수 데리고 와서 비싼 값에 팔아먹으려고. 나는 무척 기분이 나빴다. 무슨 꿍꿍이가 있어

일부러 꼴찌를 한다는 말은 야구를 너무 못해서 꼴찌라는 말보다 훨씬 모욕적이었다. 그저 야구를 못할 뿐입니다! 하지만 다들 열심히 하고 있다고요!

84

어지럼증이 심해졌다. 언제부터였지. 두어 달 되었나. 아침부터 어지럽고 속이 울렁거려서 힘들었는데 밥 먹고 나니까 조금 괜찮아진 것도 같다. 병원에 가서 피검사만 해봐도 이유를 알 수 있을 텐데 그걸 안 하고 있다. 내일은 병원에 갈 수 있을까. 내 몸인데, 내 몸으로 사는 건 나뿐인데, 그런데도 나는 아픈 이유를 모른다. 내 몸에서 무슨 일이 일어나고 있는지 전혀 알 수 없다. 그 사실이 전혀 당연하지 않게 여겨진다. 내 몸인데 왜 몰라. 아는 게 없다. 세상도 모르고 나도 모르고 내가 확실하게 안다고 말할 수 있는 것은 하나도 없다. '어지럽다'는 이 감각도 가끔은 가짜 같다. 내가 나를 속이고 있는 것만 같다. 남들 다 이 정도는 아파. 나에게 그렇게 열 번 넘게 말했다. 남들이 얼마나 어떻게 아픈지 하나도 모르면서.

지금 쓰는 소설의 코어는 알아내고, 통과해서, 증명하는 것. 내 운명에 나의 몫이 있음을. 대니 샤피로의 『계속 쓰기: 나의 단어로』한유주 옮김, 마티, 2022에는 다음과 같은 구절이 있다.

대체 무엇이 글쓰기를 숨쉬기처럼 필수적이게 할까? 우리가 노력하고, 실패하고, 앉아 있고, 생각하고, 저항하고, 꿈꾸고, 복잡하게 하고, 풀어내는, 우리를 깊이 연루시키고, 기민하게 하고, 살아있게 하는 수많은 나날이다.

시간이 필요하다. 수많은 나날이 나를 이끄는 지도라면, 일단 살아야 한다. 내 삶은 미지의 영역. 나는 알다가도 모를 사람. 그러니 일어나자. 일단 쓰자. 해보자.

86

　　　　방금 장편소설을 마무리하고 출판사에 원고 보냈다.

　내일 아침에 일어나서 맑은 정신으로 보낼까 잠깐 고민했지만, 맑은 정신으로 다시 본다면 아마 보내지 못하고 또 고치고 있으리라는 걸 충분히 예상할 수 있었기에…… 그만하사, 이건 어차피 초고야, 초고라고…… 중얼거리면서 그냥 흐린 정신으로 보내버렸다.

　이번 소설은 쓰는 동안 무척 힘들었다. 글쓰기가 힘들다고 말하는 게 엄살 같아서 되도록 그런 말을 하지 않으려고 여태 조심했는데…… 힘들었다. 내 소설에 설득력이 있는가 매일 질문했다. 소설 자체에 대한 의구심 때문에 갈팡질팡했다. 이런 이야기를 과연 누가 읽어줄 것인가, 뭐 이런 소설을 썼느냐고 욕하면 어떡하지, 그런 불안 초조 속에서도 하루하루 조금씩 썼다. 그러니까 이번 소설은 『이제야 언니에게』를 쓸 때 힘들었던 마음과는 결이 너무나 다르다. '이게 대체 말이 되는가'라는 근본적인 질문. 하지만 돌이켜보면 나는 말이 되는 소설을 쓴 적이 거의 없다. 연인의 시신을 먹고, 전염병이 돌자 갑자기 러시아로 떠나고, 과거의 나와 미래의 내가 편지를 주고받고……. 이번 소설의 '말도 안 됨 포인트'는 죽지 않는 나무가 죽어가는 인간에게 나뭇잎 한 장만큼의 수명을 준다는 설정이다. 소설이니까, 소설이어서 쓸 수 있는 이야기이고, 소설의 그런 점이 좋아서 나는 소설을 쓴다. 어쨌든 끝을 냈으니 그만 불안해하자. 언젠가는 좀비물도 쓰고 엑소시즘도 쓰고 뱀파이어와 타임슬립과 다중우주 이야기도 쓸 건데, 그런 야망을 가진 자로서 겨우 이 정도 설정에 전전긍긍해하진 말자…….

정신력이 쇠약해졌다. 육체의 건강도 좋지가 않다. 병원 가기가 싫다. 뭔가 돌이킬 수 없을 것 같아서. 그런데 정말 치과는 가야 하는데. 치과에 가면 분명 야단맞겠지. 아, 나는 세상에서 치과가 제일 싫다. 치과 생각하니까 소설 쓰면서 힘들었던 것들이 상대적으로 가벼워진다……. 치과 치료에 비하면 정말 아무것도 아니었던 것 같아.

땀을 뻘뻘 흘리면서 두 시간 동안 책상 정리를 했다. 그동안 장편 쓴다고 너저분하게 늘어놓았던 책과 메모와 사진과 그림들 모두 모아서 책장 구석에 넣어버렸다. 이제 초고를 끝냈을 뿐인데 마치 책이 나온 것처럼 정리해버렸다. 잠시만 헤어져 있자. 떨어져서 생각할 시간을 갖자. 사실 나는 당분간 네 생각을 하고 싶지 않아. 우리 다시 만날 때 너와 내가 완전히 모르는 사이라면 좋겠어.

아침에 팀장님께 답장이 왔다. '오늘은 푹 쉬세요'라고 정답게 적어주셨다. 감사합니다. 하지만 저는 쉴 수가 없어요……. 일주일 뒤 단편 마감이 있는데 한 글자도 못 썼답니다……. 아직 펑크를 낸 적은 한 번도 없는데 이번에는 아마 생애 최초 펑크를 낼 수도 있을 것만 같다. 펑크를 내지 않을 수 있었던 다양한 이유 중 하나는 글의 완성도보다는 약속을 더 중요하게 생각하기 때문에,라고 쓰자니 약간 겸연쩍고, 사실 용기가 없어서다. 미움받을 용기가 없어서 엉망인 글이라도 급하게 써서 일단 보냈다. 그래서 소설집으로 묶을 때 제외한 단편소설이 꽤 있다. 이번에는 과연 어떻게 될까.

언젠가 '8월이면 알게 되겠지, 나의 장편소설과 이글스의 향방을'이라는 문장을 썼던 것 같은데. 장편소설은 일단 끝냈고 이글스는 도약했다. 8연승이나 했다! 8연패는 많이 해봤지만 8연승이라니. 또 이글스에 젊은 홈런왕이 있다! 홈런왕이 있다고! 여러분 우리 팀에 홈런왕이 있어요! 공격 순위는 10위지만 수비 순위는 무려 4위예요! 이게 대체 무슨 일이람. 그리고 나는 지금 미움받을 용기가 있는지 가늠하고 있다. 일주일 동안 단편소설을 쓸 수 있을까?

지친 탓인지 요즘 정신적 컨디션이 상당히 위험하다고 느낀다. 내가 나를 통제할 수가 없다.

　느닷없이 울어서 사람을 당황시킨다. 사람들이 나를 빤히 바라보면 그 눈빛이 무섭다. 나를 제압하는 것만 같다. 육식동물 앞의 먹잇감 같다. 확신에 찬 말들도 무섭다. 나를 겁주려는 의도가 전혀 없을 텐데도 나는 겁을 먹는다. 오들오들 떨다가 와락 공격하듯 울어버린다. 상담을 받고 싶다. 나를 예방하고 싶다.

　내 안에 고여 있는 이 먼지들, 까만 덩어리들, 나를 더 고약하게 만드는 아집과 착각들, 악취, 통증, 나를 바닥으로, 더 깊은 구덩이로 잡아당기는 감정들, 낭패감, 지긋지긋한 외로움, 지독한 비관, 비웃음, 나를 파괴하는 혼잣말. 내가 나를 공격하는 것이다. 내가 나를 잡아먹으려고, 나의 약한 부분에 구멍이 날 때까지 나를 빤히 바라보는 것이다. 나는 나를 아니까. 나만 나를 아니까. 내가 마음껏 해칠 수 있는 존재는 나뿐이니까.

빛에 관한 글을 쓰고 싶다.

빛과 어둠. 기억과 영원.

언제나 쓰고 있으면서도 쓰고 싶다 생각하는, 영영 쓸 수 없는 글.

90

파란 하늘에서 폭우가 쏟아지고, 맑은 날씨인데 갑자기 천둥소리가 들리는 여름.

쏟아지는 빗줄기가 후련하고도 아프다.

창을 열어두면 빗물이 집으로 다 들어오는데 나는 고집스럽게 창을 열어둔다. 왜.

바람이 너무 세게 불어 텔레비전이 흔들리는데도 지지 않겠다는 듯 창문을 닫지 않는다. 대체 왜.

손가락과 손목이 아프다. 뼈인지 근육인지 모를 곳이 아프다. 키보드를 타격감 없는 부드러운 것으로 바꿔야 할 것 같은데 통증을 참으면서 바꾸려는 시도조차 하지 않는다. 왜. 대체 왜.

마감을 했지만 다른 마감이 있으니 마감을 한 것 같지가 않다.

『나는 왜 죽지 않았는가』 개정판을 내려고 십 년 전 원고를 다시 읽고 있는데 무섭다. 왜 이런 글을 썼는지 모르고 싶다. 과거의 내가 현재의 나를 향해 무지막지한 속도로 돌진한다. 내 안의 아주 깊은 동굴, 차가운 바람만 휘잉휘잉 불어대는 어둡고 섬뜩한 그곳이 느껴져서 자꾸만 주저앉는다. 몇 년 전에 스스로 절판시킨 책이다. 나에게도 이 책은 딱 한 권 있다. 그리고 작년이었나. 이 책의 중고가가 사오만 원씩 한다는 걸 알게 되었다. 그때도 나는 무서웠다. 이 책을 누군가가 찾아 읽고 있다는 사실이. 아무도 읽지 않으면 좋겠다고 생각했으면서 개정판을 준비하는 나의 마음은 대체 뭔가. 너 무슨 생각이니. 거절할 수도 있는 제안이었는데 받아들였다. 거절할 수 있는 사람은 나뿐이라는 걸 알면서도 누군가가 대신 거절해주지 않을까 기대했던 것 같다. 왜. 대체 왜. 과거의 나를 웃기고 무섭다고 생각하면서도 골똘히 보고 있다. 빠져들어서 좁은 시선으로 편협한 마음으로 불길한 말을 중얼거리면서. 목이 꺾일 것처럼 불안정한 자세로 안 보는 척 보고 있다. 여기 불행이 있다. 내가 그토록 의지하던 그것이 있다. 모든 것이 나를 떠나도 내 곁을 꿋꿋이 지켜주던 불행. 끝까지 남아서 나를 안아주던 그것을 마침내 찾아냈다. 여기 있었네. 근처에 있었네. 계속 보고 있었어. 여태 나를 기다렸구나. 그래도 다행이라고 생각해. 위태로웠던 그때에 소설을 써서 그나마 다행이라고. 더 나쁜 짓을 하지 않고 소설을 쓰면서 그 시기를 통과했다. 불행에라도 의시하면서 살고 싶어 했던 그때 그 마음이 지금 나를 빤히 바라본다. 너 계속 살고 있구나 확인하는 눈빛으로.

오늘의 야구에 대해서는 쓰지 않을 수가 없다. 고척에서 열린 이글스와 히어로즈의 경기. 7이닝까지 이글스는 3 대 6으로 지고 있었다. 그리고 시작된 약속의 8회. 이글스는 무려 한 시간 팔 분 동안 공격을 했다. 다시 말해 히어로즈는 한 시간 넘게 수비만 했다. 너무 오랜 시간 수비를 하면 부상의 우려가 있다면서 해설진은 말을 아끼기 시작했다. 하지만 히어로즈의 투수들은 자꾸만 볼을 던졌고, 이글스의 타자들은 칠 수 있는 공을 쳤고, 달릴 수 있는 만큼 달렸다. 8회에만 타선은 두 바퀴를 돌았고 모든 타자가 득점을 했다. 투아웃이 끝나지 않고 이어졌다. 그렇게 한 이닝에 13득점을 했다. 스코어는 16 대 6. 어떤 관객이 스케치북에 '점수 할부 안 되나요?'라고 쓴 문장이 카메라에 잡혔다. 오늘 경기로 장시환 투수는 리그 신기록인 19연패를 끊고 1,038일 만에 승리투수가 됐다. 경기 끝난 뒤 인터뷰에서 그는 말했다.

마운드에 올라갈 때마다 불안함을 항상 갖고 올라갔다고. 그래도 잘 던져야겠다는 생각을 많이 했다고. 가족들 이야기를 하다가 말을 잇지 못하고 울었다. 인터뷰가 끝나고 같은 팀 선수들이, 특히 투수들이 장시환 선수에게 물을 붓는 세리머니를 했다. 정수기 생수 한 통을 다 부었다. 눈물을 씻어주는 물처럼 보였다 1,038일 동안 패한다는 것은…… 그럼에도 다시 마운드에 오른다는 것은…… 아아, 연패에도 끝은 있다. 그 사실이 매번 새삼스럽고 놀랍다. 오늘의 경기로 순위가 뒤집혔다. 히어로즈는 9위, 이글스는 8위가 되었다.

이틀 쉬기로 했다.
 바다에 온몸을 담그고 파도를 탔다. 드디어.

 제주에서 만나 친해진 커플 친구를 월령의 작은 해변에서 만났다. 공식 해수욕장이 아니어서 도민들이 자주 찾는 곳이다. 아이스커피를 가득 담은 텀블러, 캠핑 의자, 비치 타월, 튜브와 물안경을 들고 갔다. 친구들이 내 튜브를 보고 말했다. 이거보다는 구명조끼가 나을 텐데요. 해수욕을 많이 해본 친구들은 래시가드에 구명조끼를 입고 있었다. 나는 민소매 티셔츠와 반바지에 튜브. 래시가드가 괜히 있는 게 아니라는 것을, 해수욕을 할 때는 피부를 최대한 가리는 게 좋다는 것을…… 이제라도 알았으니 다행이겠지. 심지어 나는 선크림도 바르지 않았고…… 지금 내 팔은 새빨갛게 익었다. 너무 뜨겁고 따갑다. 피부 아래 여름의 열기가 가득 차 있다.

튜브를 허리춤에 끼우고 조심조심 바다로 들어갔다. 파도가 센 편이어서 걸어 들어가기 쉽지 않았지만, 파도를 거슬러 파도를 타기 좋은, 적당히 깊은 곳까지 나아갔다. 출렁이는 파도에 몸을 맡긴 채 고개를 한껏 젖혀 눈부신 하늘을 봤다. 마치 놀이기구를 탈 때처럼 무섭고 재미있었다. 튜브가 뒤집힐까봐 겁내면서도 큰 파도를 기다렸다. 파도를 탄다는 것이 이런 뜻이구나…… 이런 느낌이었어…… 나는 정말 아무것도 모르면서 소설을 썼네…… 난 정말 아는 게 없어……. 바다에서 나올 때마다 거센 파도에 떠밀려 모래사장에 몇 번이나 처박혔다. 무릎에 피멍이 들었다. 바다에 들어갈 때도 나올 때도 파도의 방해를 극복해야 했다.

이 여름이 끝나기 전에 다시 해수욕을 할 수 있을까? 제주에 사니까 한 번은 더 갈 수 있겠지? 바다가 멀지도 않잖아. 차를 타면 십 분도 걸리지 않잖아. 일단 구명조끼와 래시가드를 살까? 그렇게 핑계를 만들어볼까? 또 가고 싶다.

파도를 타고 싶다.

93

　　무척 덥다. 뜨거운 햇살. 글을 쓸 때는 에어컨의 냉기도 선풍기 바람도 신경 쓰여서 전혀 사용하지 않고 있다. 땀 흘리며 쓰다가 지치면 찬물 샤워를 한다. 땡볕에서 녹아내리는 아이스크림 같다.

　이번 달 말까지 원고지 100매가 넘는 단편소설을 써야 한다 너무 급박하다. 지금 써야 할 단편 청탁을 받을 때만 해도 나는 장편소설을 지난겨울에 완성했으리라고 짐작했었지. 그걸 여름까지 끌고 올 줄은 전혀 몰랐지.

　장편 재교도 봐야 하고 마감이 너무 코앞이기도 하니까, 이번 단편은 조금 가뿐하게 쓰고 싶어서, 나름 조커 같은 개념으로 아껴두었던 제주도 배경 이야기를 쓸까 한다. 제주도로 여행을 온 누군가의 이야기. 그럼 자료조사를 할 필요도 없고, 내가 제주에서 보고 듣고 느낀 것을 쓰면 된다. 이 카드를 이렇게 일찍 쓸 줄은 몰랐다. 한 치 앞을 알 수가 없다. 지금 너무 더우니까 겨울 이야기를 쓸 것이다. 제주의 겨울을 떠올리면서 이 더위를 통과해야지.

94

요즘은 주문처럼 '한 번 사는 인생'이라는 혼잣말을 자주 한다. 나에게 뭔가 당부하고 싶은 것 같다. 한 번 사는 인생, 지나고 나면 아무것도 아닐 일에 너무 연연하지 말고 지금 하고 싶은 걸 하자. 지금 먹고 싶은 걸 먹자. 지금 쓰고 싶은 걸 쓰자. 하지만 말은 아끼자. 세 번 삼키고 말하자. 실없는 말은 하고 중요한 날이라면 넣어두자.

저녁에 성당 가서 판공성사를 봤다. 육지와 다르게 제주는 성모승천대축일 전에도 판공성사를 본다. 나의 죄를 고백한다는 것은 지금 나의 힘겨움을 고백한다는 뜻과 비슷하다. 누군가를 원망했다면 그런 감정을 갖게 된 서사가 있고, 나쁜 생각을 했다면 그런 생각까지 간 이유가 있다. 그것을 소거하고 '제가 이런 죄를 지었습니다'라고 말하는 순간 차오르는 슬픔과 처연함. 복잡한 감정을 단순하고 명료한 문장으로 표현하면서 무언가를 단념한다. 나의 죄를 들어주는 사람이 있다는 사실만으로도 덜어지는 짐. 글쓰기에도 그런 힘이 있다. 그래서 계속 쓴다. 내가 쓴 글을 보며 지난 일을, 감정을, 생각을 돌아본다. 그것에 다시 매몰되기보다는 '지나왔구나' 안도하기도 한다. 나는 왜 그렇게 비장했던가, 심각했던가, 끝장났다고 생각했던가. 하지만 다시 비슷한 일을 겪으면 지금의 이 깨달음이 무색하게 비장해지겠지.

나는 나 때문에 지치고 나 때문에 쪽팔리고, 아무리 실망하고 후회하고 할 수 없다고 생각해도 결국 나여서 힘을 내고 기를 쓰고 해내는 것 같다.

언젠가는 나도 나를 사랑할 수 있을까.
나의 지옥마저 사랑할 수 있을까.

97

이 노트도 몇 장 남지 않았다.

지독한 일은 쓰지 못했다. 행복한 일도 쓰기를 피했다. 그런 건 나만의 비밀로 두었다가 자연스럽게 잊을 것이다. 잊을 수 없으면 소설에 숨겨둘 것이다.

곧 장편소설이 출간된다. 제주에서 쓴 첫 장편이다. 그 소설은 뭐랄까, 소설가로서의 내 삶을 카세트테이프에 비유한다면 side A를 끝낸다는 기분으로 썼다. 지난 시간 나를 붙들고 있던 핵심적인 질문들을 정리한 것만 같다. 이제 다른 이야기를 생각하고 싶다. 다른 무드에 잠기고 싶다. 그럴 수 있을까.

지금까지 보셔서 아시겠지만 저는 주기적으로 우울감이 짙어지고 정서적으로 불안해지면 위험한 생각도 할 만큼 취약합니다. 그리고 그런 때가 오면 웅크리고 앉아서 나를 단단히 껴안고 버티기만 하면 다시 좋아진다는 걸 기억하고 믿을 만큼은 강한 사람입니다. 이 노트를 채우면서 깨달았습니다. 나는 나를 믿어요. 믿지 않는다고 말하면서도 마음 깊은 곳에서는 오직 나를 믿고 있어요. 부디 내가 나를 계속 믿어주면 좋겠습니다. 실망하면 어떤가요. 어차피 나만 아는 일. 괜찮을 겁니다.

99

언젠가 어디선가 우리 다시 만날 수 있길.
안녕.

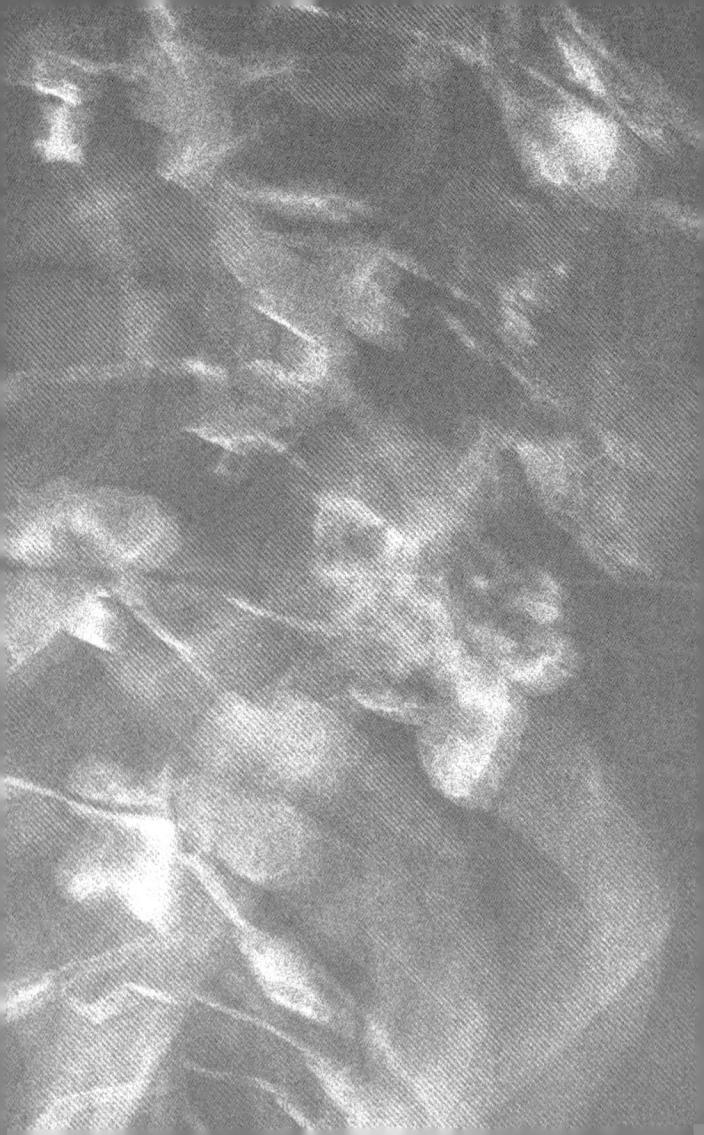

에필로그

  이 노트에 담긴 문장은 나의 가장 사적이고 내밀한 이야기.
  누구에게도 말할 수 없어 종이에 쏟아놓은, 당시에는 특별했으나 지나고 보니 지극히 평범한 불안과 외로움과 사랑의 기록.
  그런 날들을 통과하여 결국 오늘에 닿았다는 결말.
  그러니 다시금 휘청이더라도 마침내 괜찮아질 거라는 예언.

  2022년 여름부터 일 년 넘는 시간 동안 『Axt』의 「diary」 코너에 연재한 글을 모아 이 노트를 채웠다. 2022년 1월부터 2024년 12월까지 제주에 살면서 『단 한 사람』 『쓰게 될 것』 『원도』 『오로라』

『어떤 비밀』을 출간했다. 쉬지 않고 글을 썼다는 뜻이다. 글을 쓰지 않는 날은 비행기를 타고 육지에 와서 북토크나 강연을 했다. 제주에 살면서 제주를 즐기지 못했다. 한라산도, 숲도, 올레길도 걷지 못했다. 아쉽지는 않다. 제주는 언제나 그곳에 있고, 제주가 그리우면 그곳으로 떠날 수 있으니까. 지금도 제주의 바람과 해무, 강렬한 태양과 사선으로 쏟아지던 눈비, 어디서든 볼 수 있었던 한라산 능선과 다양한 새, 매일 다른 표정으로 나를 맞이하던 서쪽 바다의 노을이 눈에 선하다. 그렇다면 앞의 문장을 수정해야겠다. 나는 제주에 사는 동안 제주를 충분히 누렸다. 그날들을 이 노트에 모아둘 수 있어 다행이다.

나는 자발적 여행마저 해내야 하는 '일'처럼 수행하는 사람. 일상의 비슷한 흐름이 깨지는 상황을 매우 버거워한다. 아침에 일어나서 밥을 먹고 청소를 하고, 정오부터 저녁 6시까지는 내 방에서 글을 쓰고, 저녁 산책을 다녀온 뒤 야구를 보면서 이기거나 지는 기분으로 마무리하는 하루가 나에게는 행운이고 행복이다. 그러한 일상을 유지하기 위해서는 정신과 체력이 단단해야 한다. 남들은 수월하게 해내는 일에 나는 에너지를 많이 쓰는 편인 것 같다. 이 노트의 어딘가에도 썼지만, 기차표를 예매하거나 메일에 답장을 쓰는 기본적인 일에도 품이 많이 든다. 내일 가스 검침원이 방문할 예정이라면 오늘부터 그 일을 신경 쓰고 머릿속으로 각종 상황을 그려보면서 긴장한다. 고객센터에 전화를 걸어 문의할 때는 '내가 설명을 제대로 하고 있는가' 검열하느라 한겨울에도 땀을 뻘뻘 흘린다. 글을 쓸 때 창밖에서 어떤 소리가 들리면 그 소리가 그칠 때까지 글쓰기를 멈추고 기다린다. 내가 나에게 가장 많이 던지는 질문은 '할 수 있을까?' 강연이나 북토크를 시작하기 직전까지, 인터뷰나 미팅을 위해 약속 장소로 갈 때마다, 아침에 눈을 뜨고 침대에서 벗어나기 전에 나 자신에게 거듭 묻는다. 낯선 번호로 전화가 오면 통화 버튼을 누르길 망설이면서, 때로는 머리를 감기 전에도, 컴퓨터 전원을 켜기 전에도, 심지어 엄마에게 안부 전화를 하기 전에도 스스로에게 묻는다. 할 수 있을까?

  살수록 사는 일에 자신이 없다. '해냈다'는 경험은 뭔가를 시작하는 데 별 도움이 되지 않는다. 오늘은 매번 처음이고 상황은 늘 다르니까. 뭔가를 저지를까봐 이불 속에서 나가기 싫다. 뭔가를 저질렀다는 생각이 들면 이불 속으로 들어가기가 힘들다. 할 수 있을까. 쓸 수 있을까. 살 수 있을까. 사랑할 수 있을까. 나의 가장 깊은 곳에서 펄펄 끓는 질문들. 누구에게도 던질 수 없는 질문을 나에게 하려고 글을 쓴다. 나에게 들어야만 하는 대답이 있기에 계속 쓴다.

제주의 '무한의 서'를 정리하고 제주를 떠나기 전까지 두어 달 동안, 저녁마다 다크니스와 함께 한림항의 방파제를 걸었다. 휘몰아치는 겨울바람을 헤치며 해가 지는 방향으로 걷던 우리. 인적은 드물고 파도는 거세고 세는 바람에 맞서 허공에 떠 있던 그 길. 힘찬 바람이 우리의 대화를 가로막던 어느 날 나는 고래고래 소리를 지르며 '길 없음'에 관한 이야기를 했다. 길이 없다는 경고판을 보고도 계속 걸어가는 거야. 한참을 걸어서 절벽 앞에 다다르는 거야. 그렇게 끝까지 걸어가서 길은 없지만 무언가가 있음을 확인하고 돌아오는 사람의 이야기를 언젠가는 쓸 거야. 꼭 쓸 거야. 나의 다짐을 듣고 다크니스는 대답했다. 그래, 너는 쓸 거야. 꼭 쓸 거야.

쓰고 싶다. 쓰고 있다. 완성했다.

세 문장으로 삶을 차곡차곡 채우고 싶다.

2022년 이글스의 슬로건은 OUR TIME HAS COME. 최종 성적 리그 10위.

2023년 슬로건은 THE ONLY WAY IS UP. 최종 성적 리그 9위.

2024년 슬로건은 DIFFERENT US. 최종 성적 리그 8위.

2025년 슬로건은 RIDE THE STORM. 이 글을 쓰고 있는 현재 리그 1위. 승률은 6할 4푼 9리다. 시즌 초반 꼴찌로 시작했지만 조금씩 연승을 쌓아가며 1위까지 올라갔다. 스프링캠프 때, 새로운 구장도 지었으니 이제 야구만 잘하면 된다고 선수들도 팬들도 입을 모아 말했다. 큰 욕심을 부리면 속상해질 수도 있으니까 가을 야구를 할 수 있는 5위 정도만 유지해도 좋겠다고 생각했다. 그런데

1위다. 꼴찌여도 사랑하는 마음으로 여기까지 왔다. 폭풍을 뚫고 더 높은 곳에 닿았다. 상승기류는 정말 존재했다. 단독 1위로 올라서던 날, 그러니까 이십 년 만에 9연승 기록을 경신하던 날 중계팀 캐스터는 말했다. "잠시 잊고 있었지만 독수리는 가장 높게, 가장 멀리 나는 새였습니다. 이제 한화이글스 위에는 아무도 없습니다." 다시 하위권으로 떨어질 수도 있다. 9연승을 한 것처럼 10연패를 거듭할 수도 있다. 그러다가 리그 7위 정도로 시즌을 마무리해도 이젠 상관없다. 상승기류를 확인했으니까. 지는 방법은 많고 이기는 방법은 하나뿐이라는 걸 깨달았으니까.

'살 수 있을까?' 질문을 건네고 한참을 기다린 적이 있다. 수많은 문장을 거쳐 돌아온 대답은 '있다' '없다'가 아닌 '나 혼자요'였다.
'사랑할 수 있을까?' 질문을 건네고 한참을 기다

린 적이 있다. 책 한 권을 통과하여 돌아온 대답은 '불행해도 괜찮으니까 같이 있고 싶다'였다.

'쓸 수 있을까?' 질문을 건네고 한참을 기다린 적이 있다. 제야는 나를 응시하며 뚜벅뚜벅 걸어와 대답했다. '나는 너를 알아. 너도 나를 모르지 않잖아.'

'할 수 있을까?' 질문을 건네고 한참을 기다린 적이 있다. 깊이 파묻힌 무언가를 찾으려고 땅을 파듯 소설을 써내려가다가 '산 사람을 살리는 일'이라는 문장을 만났다.

이기려는 마음이 있어야 이길 수 있다. 그 마음을 품기가 쉽지 않다. 이기려면 오랜 시간 최선을 다해야 하기 때문이다. 최선을 다하는 것. 그건 정말 어려운 일이다. 최선을 다했는데도 지면 더욱 괴로우니까 그저 적당히 하고 싶다. 잘하고 싶은 마음이 힘에 겨워서 '할 수 있을까?'라는 질문을 땅속 깊이 파묻었다. 잘 쓰고 싶은 마음이 나를 너무 괴롭혀 '쓸 수 있을까?'라는 질문을 바다에 던져버렸다. 잘 살고 싶은 마음이 나를 불행한 사람으로 만드는 것만 같아 '살 수 있을까?'라는 질문을 발로 짓이겨버렸다. 사랑하는 마음이 나를 잡아먹을까봐 '사랑할 수 있을까?'라는 질문을 갈기갈기 찢어버린 적이 있다.

    그 마음과 순간을 이 노트에 담아둔다.
    언젠가 또다시 거듭 넘어져 절망과 불행에 의지하려고 할 나를 위해.

2025년 봄과 여름 사이
최진영

내 주머니는 맑고 강풍

초판 1쇄 발행 2025년 6월 23일
초판 2쇄 발행 2025년 7월 31일

지은이	최진영
편집	김선영
디자인	정나영
조판	한향림

펴낸곳	핀드
펴낸이	김선영
등록	2021년 8월 11일 제2023-000289호
주소	04017 서울시 마포구 동교로 31(망원동) 2층
전화	02-575-0210
팩스	02-2179-9210
이메일	pinned@pinned.co.kr
인스타그램	@pinnedbooks

ⓒ 최진영 2025
ISBN 979-11-990229-1-1 00810

* 이 책 내용의 전부 또는 일부를 재사용하려면
  반드시 저작권자와 핀드 양측의 동의를 받아야 합니다.
* 잘못된 책은 구입하신 서점에서 바꿔드립니다.
* 책값은 뒤표지에 있습니다.